Volker Weidermann
Brennendes Licht

Volker Weidermann

Brennendes Licht

Anna Seghers
in Mexiko

MIX
Papier aus verantwor-
tungsvollen Quellen
FSC® C083411

ISBN 978-3-351-03794-9

Aufbau ist eine Marke der Aufbau Verlag GmbH & Co. KG

1. Auflage 2020
© Aufbau Verlag GmbH & Co. KG, Berlin 2020
Einbandgestaltung zero-media.net, München
Satz LVD GmbH, Berlin
Druck und Binden CPI books GmbH, Leck, Germany
Printed in Germany

www.aufbau-verlag.de

Ausruhen, ausruhen. Vielleicht für immer. Hier im Licht. Ist das nicht angenehm? Nicht mehr kämpfen, nicht mehr diese Berge hinauf, immer wieder diese Berge. Still sein. Warten. Liegen. Vielleicht kommt die Welt ja zu ihr. Ganz von allein. Vielleicht ist alles ein Missverständnis. Vielleicht ist das Leben in Wahrheit gar kein Kampf. Und alles, was geschehen soll, geschieht. Sie kann hier einfach nur liegen. Und schauen. Und warten. Vertrauen. Das wäre ein Traum. Der Welt vertrauen. Vielleicht wird einfach alles gut, ganz ohne ihr Zutun, ohne ihren Kampf. Ganz ohne dass sie sich dagegenstemmt, gegen den Lauf der Welt. Vielleicht kann sie es alles nicht ändern. Sosehr sie auch kämpft. Vielleicht darf sie jetzt wirklich einfach hier liegen bleiben. Und warten. Und schauen. Und endlich, endlich ausruhen.

Anna Seghers in Mexiko. Sie liebt dieses Land, sie wollte nicht hierher. Sie wollte mit ihrer Familie nach New York. Aber New York wollte sie nicht. Ihre Tochter Ruth schaue so komisch, hatte der Arzt auf Ellis Island festgestellt. Ja, sie sei kurzsichtig, erklärte ihre Mutter. Ob Kurzsichtigkeit jetzt schon ein Grund sei, Menschen an der Grenze abzuweisen. Nein, das sei etwas Gefährlicheres, hatten die Einwanderungsbehörden entschieden und die Familie weitergeschickt. Nach all den Fluchten, aus Berlin, aus Paris, aus Marseille, aus Martinique, ging es – die Skyline von New York vor Augen – noch einmal weiter in dieses völlig unbekannte Land. So hatte Anna Seghers es auf dem Schiff in ihrem entstehenden Roman beschrieben und ihren Erzähler sagen lassen:

»Es gibt ja Länder, mit denen man schon aus der Knabenzeit her vertraut ist, ohne sie gesehen zu haben. Sie erregen einen. Gott weiß, warum. Eine Abbildung, ein Schlängelchen von einem Fluss auf einem Atlas, der bloße Klang eines Namens, eine Briefmarke. An Mexiko ging mich nichts an, nichts war mir an diesem Land vertraut. Ich hatte nie etwas über das Land gelesen, da ich auch als Knabe nur ungern las. Ich hatte auch über das Land nichts gehört, was mir besonders im Gedächtnis geblieben wäre. Ich wusste – es gab dort Erdöl, Kakteen, riesige Strohhüte. Und was es auch sonst dort geben mochte, es ging mich ebenso wenig an wie den Toten.«

New York wäre sie angegangen. Freunde warteten auf sie und ihre Familie, die Weiskopfs zum Beispiel und die Kantorowiczs, die gemeinsam mit ihnen die lange Reise von Europa gemacht hatten, waren schon an Land gegangen, ohne Probleme. Anna Seghers und ihre Familie nicht. Es war verrückt. Alles hätte jetzt gut werden können. Wenigstens eine Art von gut. So gut, wie es in der Welt am 22. Juni 1941 scheinen konnte. Ihr Literaturagent hatte ihr den Vertrag für die amerikanische Ausgabe ihres Romans *Das siebte Kreuz* nach Ellis Island gebracht. Und die USA – das war jetzt der Markt, der über Erfolg und Misserfolg eines Buches entschied. Es war ihr Lieblingsbuch, das Buch, an das sie von ganzem Herzen glaubte. An seine Wirkungsmacht vor allem. Wirkungsmacht zunächst ja für sie selbst. *Das siebte Kreuz* war eine Geschichte darüber, dass Widerstand möglich war. In einem totalitären Staat. In Deutschland, dass eine Flucht aus dem Konzentrationslager möglich war, dass es in Deutschland Menschen gab mit Mut und Kraft und einem guten Herzen. Ein Buch darüber, dass es auf den Einzelnen ankommt. Dort in Europa und hier auf der Flucht. Ihr Buch gegen die Verzweiflung, die eigene und die der Kämpfer gegen die scheinbar unbezwingbare Übermacht des Faschismus. Sätze wie diese, als Mantra in die Welt gesandt: »Ein entkommener Flüchtling, das ist immer etwas, das wühlt immer auf. Das ist immer ein Zweifel an ihrer Allmacht. Eine Bresche.«

Anna Seghers war selbst einer dieser Zweifel, sie und ihre Familie. Aber inzwischen etwas jämmerliche Zweifel, verzagte und erschöpfte Zweifel, vom Tode bedroht, abgewiesen, wie ein Giftpilz oder ein Virus gefürchtet. Ein Leben im ewigen Transit fürchtend. Warum nicht endlich bleiben dürfen? »Mein Sohn«, schrieb Anna Seghers auf dem Schiff in den entstehenden Roman, »weil sich alle Länder fürchten, dass wir statt durchzuziehen, bleiben wollen. Ein Transit – das ist die Erlaubnis, ein Land zu durchfahren, wenn es feststeht, dass man nicht bleiben will.«

Und hier auf Ellis Island nun hatte sie auch diese fürchterliche und herrliche Nachricht erreicht: Deutschland hat die Sowjetunion überfallen. Das hieß: fürchterliche Angst, dass die deutsche Kriegsmaschine selbst gegen diesen übermächtigen Gegner einen schnellen Sieg erringen und damit endgültig alles verloren sein könnte. Es hieß aber vor allem auch: endlich wieder klare Fronten. Endlich wieder: gemeinsam gegen Hitler und sein Reich. Stalins Pakt mit Nazi-Deutschland war ja der schwerste moralische Schock für die kommunistischen Kämpfer im Exil gewesen. Ihr politischer Leitstern – verbündet mit dem Todfeind. Was war da noch die Grundlage, auf der man stand? Wo war fester Grund? Wer war der Gegner? Wo war Hoffnung? Viele der Mitkämpfer hatten sich damals, auch infolge der Moskauer Schauprozesse, vom Kommunismus abgewendet. Wie schwer war es danach gewesen, die Front geschlossen zu halten. Widersprüche abzuwehren. Anna Seghers war standhaft geblieben. Vollkommen standhaft. Wenn sie innerlich Zweifel hatte, so behielt sie sie für sich. Sie war nicht nur linientreu. Sie war selbst die Linie. »In einem Haus, in dem es brennt, kann man nicht einem Menschen helfen, der sich in den Finger geschnitten hat«, hatte sie schon 1935 auf dem 1. Internationalen Schriftstellerkongress gesagt, als es um die Freilassung des Trotzkisten Victor Serge und dessen Ausreise aus der Sowjetunion gegangen war. »Konterrevolutionär« sei die Übertreibung eines einzelnen Falles, hatte sie gesagt.

Ebenjener Victor Serge war nun mit ihnen auf dem Schiff gewesen, das sie aus Europa herausgebracht hatte. Und jener Leo Trotzki, dessen Anhänger er war, hatte einige Jahre zuvor in Mexiko Aufnahme gefunden, als kein Land der Welt mehr bereit war, ihn aufzunehmen. Der Todfeind Stalins. Die Verkörperung der sowjetischen Opposition, der Gründer der Roten Armee. Der Gegner. Inzwischen war er tot. An seinem Schreibtisch mit einem Eispickel erschlagen. Hinter hohen Mauern, von Wachleuten rund um die Uhr beschützt. Half alles nichts. Stalins Gegner waren nirgends sicher.

Anna Seghers wollte nicht nach Mexiko. Es war doch alles beinahe gut. New York vor Augen, den Buch-Vertrag unterschrieben, Stalin an ihrer Seite. Jetzt nur noch endlich runter von diesem verdammten Schiff. Es einfach machen wie ihr Lebensfreund Egonek, Egon Erwin Kisch, der rasende Reporter. Der vor Jahren trotz Einreiseverbots in Australien vom Schiff in hoher Höhe an Land gesprungen war. Und dann mit gebrochenem Bein und erhobenem Haupt als Reporterheld durchs Land gereist war und später ein Buch darüber geschrieben hatte. Und der dann, anderthalb Jahre vor Anna, auch hier wieder vom Schiff an Land gesprungen war – nachdem er nach langen Verhören auf Ellis Island ein Durchreisevisum erhalten hatte –, auf die Knie gefallen war, den Boden geküsst und einen Hotdog verlangt hatte.

Von seinem amerikanischen Verlag hatte er dann aber ganz andere Nachrichten erhalten als Anna später. Der Großverleger Alfred A. Knopf löste den bereits geschlossenen Buch-Vertrag über Kischs Lebenserinnerungen einfach auf. »Dies ist nicht das Buch, das ich mir von Ihnen erhofft hatte«, schrieb ihm Knopf. Es war ein Desaster für Kisch. Für wen jetzt noch schreiben? Wovon leben? Mit seiner Frau Gisela war er dann Anfang 1940 mit dem Zug nach Mexiko weitergefahren.

Anna Seghers will trotzdem hierbleiben. Wenigstens für einige Tage oder Wochen. Wenigstens hier und jetzt an Land gehen. Mit der Familie, kurz bleiben, frei sein, essen, ausruhen, mit Freunden reden, festen Boden unter den Füßen haben. Es geht nicht. Ihre lächerliche Machtlosigkeit hatte sie die ganze Flucht über, seit sie im Sommer 1940 Paris verlassen hatten, nicht so dramatisch gespürt wie jetzt. »Irrsinn« nennt sie es in einem Brief an den Freund F. C. Weiskopf. Ein amerikanischer Offizier hatte sich vor ihre siebzehnjährige Tochter Ruth gestellt, starrte sie sekundenlang an, ohne ein Wort zu sagen. Später stellte sich heraus, der Mann war Arzt, er untersuchte Ruth nicht weiter, schrieb aber auf einen Zettel, sie leide unter einem »disease of the central nervous system«. Sie wird zur näheren Untersuchung allein in ein Krankenhaus gebracht. Die Untersuchungen ergeben nichts, aber der erste Befund bleibt in den Akten, und der Familie wird vorgeworfen, eine schwere Erkrankung verheimlicht zu haben.

Die Wahrheit ist natürlich, nicht das Augenzwinkern von Ruth ist die Gefahr für das Land, sondern die politischen Überzeugungen der Mutter. Es hilft aber alles nichts. Die USA nehmen sie nicht auf. Und von Ellis Island ist noch niemand nach Manhattan gesprungen. Also weiter, immer weiter. In den Hafen der Welt. In das Land, das so viele Fliehende aufnimmt in diesen Tagen. Nach Veracruz, nach Mexiko.

Und hier endlich: die Welt. Endlich ankommen. Endlich die Sonne. Willkommen sein. So viel Schönheit. Sicherheit. Weit, weitab von jedem Krieg, jedem Kampf. Ob Mädchen blinzeln oder nicht, ist hier egal. Anna Seghers in Mexiko. Kaum war sie hier angekommen, schrieb sie schon, »ich fuehle mich hier fast besser als in New York«. Es war natürlich auch hier ein schwerer Kampf für sie als Mutter, Familienmanagerin im fremden Land, Erzählerin, Parteimitglied. Wohnung suchen, Geld organisieren, die Familie bei Freunden verstreuen, bis die erste kleine eigene Wohnung gefunden ist, immer wieder um Geld bitten, Schulen für die Kinder finden, Möbel kaufen, die Übersetzung des *Siebten Kreuzes* organisieren und selbst bezahlen, den großen Roman der Flucht, *Transit*, fertig schreiben, Vorträge halten, mit den Freunden einen Verlag gründen, den Heine-Club gründen, den Menschen hier vom anderen, vom guten Deutschland erzählen. Es war ein Wirbel und ein Kampf, und oft schien auch alles einfach nur vergeblich, hier, so fern der Heimat, so fern des Krieges, so fern der Entscheidungen. Egal unter Palmen. Klar, sie alle schrieben hier, klar, sie führten politische Diskussionen, beinahe wie zu Hause. Aber wen interessierte das? Es war vollkommen egal, was sie hier redeten unter dieser Sonne. Niemand konnte sie hören, drüben in der Heimat, die langsam unterging. Niemandem konnten sie helfen von den Freunden und Verwandten, die in Europa geblieben waren.

Und dann, im nächsten Sommer, war ihr plötzlich ein Märchen geschehen: Erfolg in den USA – und was für ein Erfolg! »Manna is pouring down«, hatte ihr F. C. Weiskopf am 24. Juni 1942 aus New York geschrieben. Binnen kürzester Zeit waren 300 000 Exemplare von *The Seventh Cross* verkauft, dann war es vom »Book of the Month«-Club ausgewählt worden, ein Buchclub mit gigantischer Mitgliederzahl, der einen weiteren sechsstelligen Absatz garantierte. Es bedeutete: Ende der Geldsorgen, Ende des Bettelns hier und dort. Und vor allem: Ende dieses Gefühls der Machtlosigkeit. Es war ihr Beitrag zu diesem Krieg.

Ein halbes Jahr zuvor, am 11. Dezember 1941, waren die USA in den Krieg gegen Deutschland und seine Verbündeten eingetreten. Die amerikanische Bevölkerung war – trotz Pearl Harbor – keineswegs vollkommen überzeugt von der Notwendigkeit der Beteiligung ihres Landes an diesem fernen Krieg.

Anna Seghers' amerikanischer Verleger Angus Cameron hatte ihr die Wirkung, die kriegswichtige Wirkung ihres Buches in seinem Land in einem Brief beschrieben: »Die Rolle, die es dabei spielt, dem amerikanischen Volk in einer sehr entscheidenden Zeit die wirkliche Beschaffenheit der Vorgänge in Deutschland klarzumachen, seine Rolle, deutlich zu machen, dass der Präsident recht hat, wenn er sagt, dass es einen Unterschied gibt zwischen dem deutschen Volk und den Nazis, all diese Dinge machen mich stolz darauf, dass das Buch eine so weite Verbreitung gefunden hat. Ich glaube, dass *The Seventh Cross* einen wirklichen Anteil hat an der politischen Erziehung des amerikanischen Volkes in diesem antifaschistischen Krieg.«

Den amerikanischen Soldaten wurde der Roman in einer gekürzten Version zur Ertüchtigung, Ermutigung und Unterhaltung auf die Schlachtfelder Europas mitgegeben. Und Hollywood plante sogleich, einen Film daraus zu machen.

Ihr Buch – endlich auf dem Weg um die Welt. In der Sowjetunion war der Vorabdruck in einer wichtigen Zeitschrift 1939 mittendrin einfach gestoppt worden. Die Buchausgabe konnte auch nicht erscheinen. Eine offizielle Begründung gab es natürlich nicht. Aber den Lesern und ihr, der Autorin, war klar: Auch das war eine

Folge des Paktes mit Hitler gewesen. Ihr Buch hatte plötzlich den falschen Gegner gehabt. Wie groß ihr Schreck damals. Und wie groß seitdem ihre Angst. Es konnte immer alles geschehen.

War aber jetzt nicht alles gut? Nicht nur kämpfte die Sowjetunion zusammen mit beinahe dem Rest der Welt gegen Hitler, seit dem Jahreswechsel 1942/43 schien auch endlich der Sieg beinahe sicher. Die Schlacht um Stalingrad war gewonnen, das Pendel schlug endlich langsam, unendlich langsam in die andere Richtung aus. Der Sieg würde kommen. Die Heimkehr war nicht mehr ein unrealistischer Traum. Und die Kämpfer hier, die Wartenden, die Schreibenden, die fern der Schlachten Sitzenden – bereiteten sich innerlich auf die Rückkehr vor, mochte sie auch in noch so ferner Zukunft liegen.

Und dann hatte sie für die Familie eine neue Bleibe gefunden, ein kleines Haus ganz für sie vier allein. Sie würden endlich ausziehen, aus der kleinen engen Wohnung in dem zweistöckigen Mietshaus in der Calle Rio de la Plata. Ein Haus für sie, ein Eckhaus, nicht weit vom Heinrich-Heine-Club entfernt, mit genügend Platz, damit sich ihr Mann Rody in sein Denkerzimmer einschließen konnte, und für sie – gab es Luft und Sonne. Eine kleine Dachterrasse auf dem Haus. Wie würde sie dort oben schauen und erzählen und schreiben können. Mit Blick über die Häuser, über die Bäume. In der Mitte zwischen zwei Fahrbahnen ist ein Fußgängerweg, der von Bäumen gesäumt ist. War jetzt nicht alles auf einem guten Weg? Konnte der Fels nicht jetzt langsam, wenn auch der Umzug von ihr bewältigt sein würde, für einige Momente beiseitegerollt werden? Und danach: leichter werden auf Dauer?

Nein. Sicher nicht. Seitdem eine Rückkehr in absehbarer Zeit vorstellbar war, waren die Kämpfe in der kleinen Gruppe der kommunistischen Emigranten schärfer geworden. Sie fingen beinahe alle an, sich in Position zu bringen für die große Zeit danach. Für die Zeit nach dem Sieg, in der sich alle Mühsal auszahlen würde. Wenn sie alle, wenn ihre Partei an der Macht sein würde. Und sie alle im Glanz und im Recht. Dazu kam jedoch die Angst. Es gab so viel Missgunst, Neid und kleine Kämpfe. So unendlich viele Möglichkeiten und Fragen, in denen man unterschiedlicher Meinung sein konnte. Was war die richtige Haltung? Wer bestimmte darüber? Würde für sie alle Platz im Licht sein? Natürlich nicht. Mit der Hoffnung wuchs auch die Angst. Das hier war Mexiko, nicht Moskau. Die Entscheidungen für die Zukunft wurden so weit entfernt getroffen. Niemand konnte ahnen, wie sie ausfallen würden. Wird man sie überhaupt willkommen heißen, im neuen Deutschland? Sie alle auf jeden Fall nicht. Wer hatte die besten Kontakte nach Moskau? Wer schrieb schon jetzt Berichte über die anderen Parteimitglieder? Ihre abweichenden Meinungen. Ihre Frechheiten und Freiheiten. Fernab der Macht? Oh, die Kämpfe begannen erst. Der große

Sieg war noch fern. Aber man konnte ahnen, wohin das führen würde.

Anna Seghers ahnte es.

Aber diese Kämpfe würde sie bestehen. Sie war geübt darin, eigene Zweifel zu unterdrücken, geübt darin, der offiziellen Parteilinie zu folgen, sie zu ihrer zu machen, offiziell, sich selbst vor den Augen der Genossinnen und Genossen in diese Linie zu verwandeln und im Hintergrund zu versuchen, in ihrem Sinne zu wirken. Es ging ihr an die Nerven, aber sie war bereit und gestählt.

Nein, nein, was ihr Leben hier in der grellen Sonne verdunkelte, das war das Wissen um ihre Mutter in Mainz. Ihren Ich-Erzähler in *Transit* hatte sie in Europa ausharren lassen. Den Kontinent, die Kämpfenden nicht im Stich lassen – das war seine Strategie. Und sie selbst hatte die Flucht gewählt. Hatte sie eine Wahl gehabt? Im besetzten Frankreich bleiben? Mit Mann und Kindern? Nein, das war keine realistische Option gewesen. Aber ihre Mutter hatte sie in Mainz zurückgelassen. Ihre Mutter Hedwig Reiling und ihren Vater Isidor, der aber war, drei Tage bevor das alte Paar aus seiner Wohnung geworfen und in ein sogenanntes Judenhaus umgesiedelt werden sollte, 1940 gestorben. Sie waren gläubige Juden, Isidor hatte Annas Geburtsurkunde damals nicht unterschrieben, weil Sabbat war. Der Beamte hatte die Lücke auf dem offiziellen Bogen pflichtschuldig so begründet. Derselbe Beamte, der dem Vater verboten hatte, seiner Tochter den Namen Jeanette zu geben. Das sei zu französisch, erklärte er. Netty sei doch auch schön. Und viel deutscher. Gut, also Netty. Später sollte sie ja mit ihren Namen, Vor- und Nachnamen, sehr frei und dichterisch verfahren. Seghers hatte sie sich erst als Schriftstellerin genannt. Ohne Vornamen zunächst, so dass Hans Henny Jahnn, der sie 1925 für den renommierten Kleistpreis vorschlug, dachte, er würde einen Mann auszeichnen.

Als Netty war sie neben ihrem Vater durch die Straßen von Mainz gehüpft. Hatte andächtig den Mainzer Dom besichtigt und den Erzählungen des Vaters gelauscht. Der war Kunsthändler, der erste der Stadt am Rhein. Sogar für den Kurfürst in Darmstadt kaufte und verkaufte er Werke. Er hatte sie für die Kunstgeschichte begeistert, so dass sie das Fach in Heidelberg studierte. Jetzt war ihr Vater tot, die Nachricht hatte sie noch in Frankreich erreicht. Aber ihre Mutter lebte. Gleich nach der Ankunft in Mexiko hatte sich Anna Seghers um ein Visum für sie bemüht. Hatte es schließlich auch bekommen – aber es war vergebens. Das Deutsche Reich ließ seit August 1942 keine Juden mehr ausreisen. Und Hedwig Reiling war 62 Jahre alt. Wie hätte ihre Tochter von Mexiko aus die Flucht der Mutter aus Mainz über Frankreich, über den Atlantik organisieren, wie bezahlen sollen? Es war ausgeschlossen. Aber gar nichts tun? In Mexiko sitzen, schreiben, diskutieren, während ihre Mutter in Mainz – ja – was? Einmal hieß es plötzlich, sie werde nach Schanghai deportiert. Um Himmels willen – nach Schanghai? Allein? Warum? Was dort? Das war doch Wahnsinn. Doch jeder Wahnsinn war glaubhaft in dieser von Wahnsinn regierten Welt. Aber letztlich – Anna Seghers wusste, was geschehen würde. Eine Weile lang waren noch Briefe der Mutter aus Mainz zu ihr nach Mexiko gekommen. Seit einer Weile kamen keine mehr. Hier zu sitzen und die Mutter dort zu wissen, hilflos, allein, ausgeliefert der Maschine. Wie furchtbar jetzt – ihre so bildstarke Phantasie, ihre grauenhafte Vorstellungskraft. Sie, die den ersten Roman über die deutschen Konzentrationslager geschrieben hatte, diesen Roman, der nun um die Welt ging. Und sie wusste, dass sie im Vergleich zu der inzwischen eingetretenen Wirklichkeit ein harmloses Konzentrationslager beschrieben hatte. Nun musste sie sich die Fahrt ihrer Mutter vorstellen, den Abtransport, eingezwängt zwischen den letzten Juden von Mainz. In Richtung Osten, in Richtung Tod.

In Wahrheit war es längst geschehen. Am 20. März 1942 hatten sie Hedwig Reiling aus dem Judenhaus geholt und zusammen mit tausend hessischen Jüdinnen und Juden in das KZ Piaski bei Lublin deportiert. Wie und wann und wo genau sie starb, hat ihre Tochter nie erfahren. Niemand, der nicht dabei gewesen ist, weiß es.

Aber wie gut weiß Anna Seghers noch, wann sie sie zum letzten Mal gesehen hat. Die Mutter. Das war im Sommer 1933 auf dem Bahnhof in Straßburg. Sie hatte den kleinen Peter aus einem Kinderheim im Schwarzwald abgeholt, Ruth war schon bei ihr und ihrem Mann in Mainz gewesen, um eine Scharlach-Erkrankung auszukurieren. Nun brachte ihre Großmutter die beiden Enkel zu ihrer Mutter. In Straßburg wollte sie die Kinder übergeben. Auf der Fahrt dorthin wies die Großmutter die Enkel auf die Farbe der Fahnen auf der anderen Rheinseite hin. Peter meinte: Unsinn, das seien doch genau die gleichen Farben. Doch die Großmutter beharrte auf dem kleinen Unterschied zwischen den Farben des Deutschen Reiches und der Französischen Republik: »Aber nein, sieh doch genau hin, das ist kein Schwarz, sondern Blau.« Ein feiner Unterschied. Eine andere Welt.

Dort am Bahnhof dann sahen sie sich zum letzten Mal. Die Großmutter sah ihrer Tochter so ähnlich. Nur ein klein wenig kräftiger, fröhlicher, sie lachte öfter mit großen weißen Zähnen, ein großes Lachen. Ihre Haare waren auch grauer, aber da holte die Tochter schnell auf. Hedwig Reiling aus Mainz hat den Enkeln nach Paris noch jahrelang Bücher geschickt, deutsche Bücher, damit sie die Sprache nicht verlernten und die Heimat nicht vergaßen. Nein, nach Mexiko hatte sie keine Bücher mehr geschickt. Nun waren sie seit vielen Monaten ganz ohne Nachricht von ihr. Und wie immer, wenn man mit aller Kraft versucht, an etwas nicht zu denken, denkt man unaufhörlich daran.

Dann kam dieser Abend im Juni 1943. Anna Seghers sollte einen Vortrag halten im Heinrich-Heine-Club, den sie zusammen mit Kisch und einigen anderen anderthalb Jahre zuvor gegründet hatte. Es war nicht weit. Sie konnte die Strecke laufen. Aber es regnete, regnete diesen ungeheuren mexikanischen Sturzregen. Binnen kurzer Zeit bildeten sich kleine Flüsse auf den Straßen, von den Blättern der Bäume klatschten dünne Bächlein auf den Asphalt. Anna Seghers eilte die Straßen entlang, sie war spät dran, sie hatte ihre Brille nicht auf. Sie trug sie selten. Meist aus Eitelkeit, heute auch wegen des starken Regens, da störte die Brille nur. Wenn sie auf der Bühne stand, um einen Text vorzutragen, eine Erzählung, da trug sie auch nie eine Brille, sie kniff die Augen zusammen, schien in sich selbst zu schauen und den Text aus ihrem Inneren hervorzuholen. Sie las nicht, sie erzählte. In ihren meist blauen Kleidern mit weißem Kragen stand sie auf der Bühne, und das Publikum vergaß die Welt. So hatte sie am ersten Abend im Heine-Club ihr Märchen vom Räuber Woynok vorgetragen, das vor allem ihre Kinder so liebten. Die Geschichte, die so klang, als wäre sie Jahrhunderte alt, in der sie über die Bande um den alten Räuber Gruschek erzählt aus dem Bormoschtal und dem allein raubenden jungen, starken, unerschütterlichen Räuber Woynok, der sich nicht in die Räubergemeinschaft zwingen lassen will. Der mordet, brandschatzt, raubt – allein. Der eine Weile lang sich doch erweichen lässt, Mitglied der raubenden Gruppe zu sein. Bis er sie verrät und alle ermorden will, um sie zu vergessen, für immer, um endlich wieder allein zu leben. Und der am Ende seines Lebens erkennt, dass das Kämpfen ein Leben lang allein ein falsches Leben gewesen ist. »Je eher die Kälte sein Herz zerknackte«, dachte Woynok«, erzählte Anna Seghers auf der Bühne, »desto besser, je eher sein unnützes, bis auf die Knochen eingerissenes Fleisch erstarrt war.« Stark und dumm und falsch gelebt. Wer nur für sich kämpft, kommt um. Ein Leben allein. Ein Leben für nichts.

Was sie an jenem Abend vortragen wollte? Wir wissen es nicht. Um halb acht sollte sie auf der Bühne stehen. Der Club war voll. Sie war der Star der deutschen Dichter hier in der Stadt. Die Menschen warteten. Warteten. Die Freunde wurden unruhig. Anna war immer pünktlich. Heute nicht. Was konnte geschehen sein? Anderthalb Jahre war es her, dass Anna Seghers' gute Freundin, die geniale Fotografin, Trotzkistin, Tina Modotti eines Abends in einem Taxi gestorben war. Mit 45 Jahren, einfach so. »Herzversagen« hieß es später. Viele glaubten es nicht. »Trotzkistin« hätte auch die Todesursache sein können. Es ist Mexico City. Hier steht sein Haus, nicht allzu weit vom Heinrich-Heine-Club entfernt. Leo Trotzki, der von hier aus seine Weltrevolution steuern wollte. Von hier aus seinen Todfeind Stalin bekämpfen wollte. In Büchern, Schriften, Proklamationen, die er täglich seiner kleinen Armee von Sekretärinnen in seine Aufnahmegeräte hineindiktierte. Hier hatte er zusammen mit André Breton und Diego Rivera sein Manifest der revolutionären Kunst entworfen und geschrieben.

An den hohen Mauern des Hauses kam man auf Spaziergängen oft vorbei. Von Egon Erwin Kisch hieß es, dass er leicht zitterte, wenn er dort vorbeiging. Stalins Macht war groß. Und spätestens seit den Moskauer Prozessen wussten auch seine treusten Anhänger, dass man nie sicher sein konnte, ob man noch auf der richtigen Seite stand. Die Bilder des Eispickels waren um die Welt gegangen. Und auch Tina Modottis Tod hatte Anna Seghers und Egon Erwin Kisch tief getroffen. Sie und Kisch waren die einzigen der deutschen Kommunisten-Gemeinde gewesen, die sich trauten, an der Beerdigung der Trotzkistin teilzunehmen. Dieser sonderbare Tod. Diese geliebte Freundin. Anna Seghers hatte später fassungslos und zärtlich hoffnungsfroh über sie geschrieben:

»Unsere Freunde sagen, Tina sei tot. Habe ich nicht mit eigenen Augen die Erde gesehen, die in ihr Grab geworfen wurde? Habe ich nicht selbst zum letztenmal im Sarg – in diesem schrecklichen und unvermeidbaren Gefährt – ihr kleines, schweigendes und ruhiges Gesicht gesehen?

Aber Tina war stets ruhig. So scheint mir, als sei ihr Schweigen jetzt nur ein wenig beständiger. Darum habe ich den Eindruck, ich müsse ihr wieder einmal begegnen, vielleicht in diesem Jahr oder in einigen Jahren, so wie wir uns zu treffen pflegten, unvermittelt, in irgendeiner belebten Straße, in irgendeiner Stadt der Alten oder

der Neuen Welt, in den geschlossenen Reihen einer Demonstration – sie ruhig und schweigsam – oder im Hinterzimmer einer Druckerei, oder an irgendeinem Abend, bei einer Versammlung. Gewiss wird sie eines Tages, still und blass, in einem Winkel des Schiffes sitzen, das uns in unsere jeweiligen Heimatländer zurückbringen wird.

Ja, wenn die Stimmen sprechen, ja, wenn die Blinden sehen, ja, wenn die Letzten die Ersten sind, ja, wenn unsere Toten auferstehen, wird Tinas kleiner, schweigsamer und treuer Schatten begeistert von ihrem Volk begrüßt werden.«

So hatte sich Anna Seghers von ihr verabschiedet. Die Heimfahrt erhoffend und die Auferstehung der Toten. Ein Traumtext an die Freundin, voller Hoffnung und Trauer und Heimweh und Wiedersehensgewissheit.

Wie war sie nur gestorben? Der Freskenmaler und Kommunist Diego Rivera, Superstar der mexikanischen Volkskunst, dessen riesige Wandgemälde Paläste, Hotels, Ministerien im Auftrag der mexikanischen Regierung oder Häuser und Villen reicher Privatleute schmückten, der auch für amerikanische Millionäre seine gigantischen politischen Großgemälde malte und der den mexikanischen Präsidenten damals davon überzeugt hatte, Trotzki ins Land zu lassen, Rivera hatte öffentlich die Vermutung geäußert, dass Stalin auch hinter Modottis Tod steckte. Er hatte sie geliebt, wie alle Tina Modotti geliebt hatten, die ihr einst begegnet waren.

Wie auch Pablo Neruda, der Dichter, der Kommunist, der chilenische Konsul in Mexiko in diesen Jahren, der sich schon zuvor in Chile und auch hier in Mexiko für die Einreise politischer Flüchtlinge aus Europa eingesetzt, dafür gekämpft, geredet und gerungen hatte. Der stets gut gelaunte Dichter mit der hohen Stirn, der Anna Seghers gleich zur Begrüßung in Mexiko eine Willkommensrede unter einem provisorischen Strohdach gehalten hatte. Im weißen Hemd, mit hochgekrempelten Ärmeln vor einem Schild, auf dem stand »Willkommen Anna! Für dich das berühmte madrilenische Kozido«. Daneben eine staunende Anna Seghers in weißer Bluse. Danach gab es das traditionelle Kichererbsenmahl Cocido.

Also jener Neruda hatte nach Modottis Tod die Empörung, die Angst, den großen Verdacht mit seiner Dichtkunst etwas beruhigt, als die Zeitungen zu ihrem Tode sein Gedicht auf die Tote veröffentlichten. Mit einem Lebensglauben, dem von Anna Seghers ganz ähnlich:

»Tina Modotti, Schwester, du schläfst nicht, nein, du schläfst nicht: Vielleicht hört dein Herz die gestrige Rose wachsen, die letzte gestrige Rose, die neue Rose. Ruhe sanft, Schwester. Die neue Rose gehört dir, die neue Erde gehört dir: du hast dir ein neues Kleid angelegt aus tiefem Samen und dein sanftes Schweigen füllt sich mit Wurzeln. Du wirst nicht vergebens schlafen, Schwester.«

Willkommen in Mexiko! Pablo Neruda (rechts) begrüßt Anna Seghers 1941.

Und Neruda schloss den Text mit den Worten: »Das Feuer stirbt nicht.«

Neruda wusste sich seinen kämpferischen Optimismus zu bewahren. Er wusste auch sehr gut, wie allgegenwärtig der Tod hier in Mexiko war. Der Totenkult dieses Landes hatte eine große Tradition. Der Tod als Feier des Lebens. Todesreligion. Neuankömmlinge im Land, vor allem solche, die Grund hatten, um ihr Leben zu fürchten, reagierten verwundert über die Allgegenwart der Totenköpfe auf den Märkten, überall.

Diego Rivera hatte sich mit Trotzki einmal einen besonders brutalen Mexiko-Scherz erlaubt, als er dem spitzbärtigen Freund an Allerheiligen einen rosa Totenkopf aus Zuckerguss geschenkt hatte. Auf die Stirn des Schädels hatte er liebevoll »Stalin« schreiben lassen.

Und Pablo Neruda wiederum war gut befreundet mit dem mexikanischen Maler und Trotzki-Attentäter David Alfaro Siqueiros, Stalin-Anhänger, der eine erste erfolglose Mordattacke auf den gefährdeten russischen Emigranten ausgeführt hatte. Trotzki hatte sich vor Siqueiros Maschinengewehrsalven unter seinem Bett versteckt. Und überlebt. Neruda hatte daraufhin den verurteilten Beinahe-Mörder-Maler öfter im Gefängnis besucht, war mit ihm dann, zusammen mit dem Gefängniskommandanten, abends noch was trinken gegangen. Der Bruder des Malers trug stets einen Handkoffer bei sich, in dem Neruda, als er nachschaute, fünfzig Pistolen fand. Mexiko war Pistolenland. Einmal war Neruda von Mexikos Dichtern auf einem See in einem blumengeschmückten Boot gefeiert worden. Einer der feiernden Dichter bat ihn nach zahlreichen Tequilas, mit seiner Pistole einen Schuss in den Himmel abzugeben. Neruda schoss und konnte sich daraufhin kaum all der Pistolenangebote der anderen Dichter erwehren. Alle waren bewaffnet. Alle baten den verehrten Konsul, mit ihrer Waffe zu schießen. Neruda erbat sich einen großen Sombrero und sammelte die Dichter-Waffen alle in dem Hut. »Im Namen der Poesie und des Friedens«, wie er sagte. »Alle gehorchten, und so gelang es mir, die Waffen auf mehrere Tage zu beschlagnahmen und sie in meinem Haus zu verwahren. Ich glaube, ich bin der einzige Dichter, der mit einer Pistolenanthologie geehrt worden ist.«

So hatte jeder in diesem Land seine eigene Pistolengeschichte erlebt. Es war ein wenig wie Folklore. Aber für die Neuen im Land, die dem Tod so knapp entkommen waren, die sich auch hier oft genug noch verfolgt fühlten – von den eigenen Kampfgefährten, von Gegnern, die man gar nicht kannte –, war der Pistolen- und der Schädelkult wie eine ständige Drohung und Erinnerung.

Eine Drohung anderer Art war an jenem Abend im Heine-Club das Schicksal des Ehepaars Rühle. Otto Rühle und seine Ehefrau Alice Rühle-Gerstel – beide unabhängige Sozialisten, Psychologen, Pädagogen, Journalisten – waren schon 1935 in Mexiko angekommen, hatten am Anfang im Dienst der mexikanischen Regierung bei der Reform der Grund- und Landschulen und der Kindergärten mitgeholfen. Euphorisch hatten sie ihr gesammeltes Wissen endlich anwenden können. Sie waren mit Trotzki befreundet, besuchten ihn regelmäßig in dessen Refugium, stritten und diskutierten mit ihm und mit Diego Rivera auch. Rivera hatte Otto Rühle gemalt, als etwas grimmigen deutschen Rentner in gelbem Hemd und blauer Jacke. Irgendwann nach Trotzkis Tod waren sie aus der Gunst der Regierung gefallen, lebten vollkommen isoliert vom Verkauf von Kreuzworträtseln und selbstgemalten Bildern. Alice Rühle schrieb einen autobiographischen Roman über ihre Heimatstadt Prag, *Der Umbruch*, der erfolglos blieb. Beide hatten früher Egon Erwin Kisch und Anna Seghers und deren Werk verehrt. Hier in Mexiko hielten sie sich von den kommunistischen Emigranten fern wie von einem gefährlichen Virus. Sie selbst waren seit vielen, vielen Jahren ein symbiotisches Paar. Und heute war am Vormittag Otto Rühle an einem Herzschlag gestorben. Wenige Stunden später stürzte sich Alice Rühle aus dem Fenster ihrer gemeinsamen Wohnung und starb. Ein paar Jahre zuvor hatten die beiden geschrieben: »Leben in seiner erfolgreichen Totalität ist eben Ergebnis einer Gemeinschaftsleistung. Ist die Gemeinschaft mangelhaft oder hört sie auf, so ist das Leben nicht mehr lebbar.«

Natürlich hatten die hier im Heine-Club Versammelten von dieser Tragödie gehört. Der Regen stürzt weiter vom Himmel. Die Zuhörer warten. Die Freunde warten. Einer sagt zu Kisch: »Du musst was machen. Die Menschen haben Angst. Dich kennen sie, dich lieben sie. Lenk sie ab. Beruhige sie.« Kisch wollte nicht. War das jetzt seine Aufgabe? Menschen beruhigen, während er selbst voller Sorge war? Sich stark zeigen, während er innerlich schwach war? Manchmal, wenn Anna sonntags zu ihm und seiner Frau Gisl zu Besuch kam, sprachen sie darüber. Es gab dann immer Gisls Zauberkaffee. So ähnlich hatte Anna den mal genannt. Es sei eine Art magischer Trank, der ihren Egon immer wieder zu neuer Lebendigkeit und Schreibkraft emporreiße. Ohne diesen Kaffee sei Kisch gar nicht vorstellbar. Sie sprachen dann immer auch über ihre Zweifel, alte Freunde. Über Gustav Regler, ihren früheren Genossen und guten Freund, der hier nicht weit von ihnen lebte, mit seiner Frau. Den sie aber nicht mehr sahen, der abgefallen war von ihrer gemeinsamen Religion, an die sie sich klammerten. Und über den Kisch einen der bösesten Artikel seines Lebens geschrieben hatte. Verdient natürlich. Wie er sich sagte. Unerbittlich. Gegen den treulosen, abgefallenen, alten Freund. Den Artikel hatte er auch gegen sich selbst geschrieben. Gegen die Gefährdungen in sich selbst. Kisch hatte hier in Mexiko fast alles von seiner alten Leichtigkeit und politischen und literarischen Sicherheit verloren.

Pablo Neruda hatte die Emigranten hier in Mexiko »das Salz der Erde« genannt. »Das Salz der Erde hatte sich in Mexiko versammelt. Exilschriftsteller aus allen Ländern hatten sich in den Schutz der mexikanischen Freiheit begeben, solange der Krieg sich in Europa hinzog.« Und er nennt Anna Seghers, und über Egon Erwin Kisch schreibt er: »Ich bewunderte seinen Erfindungsreichtum, seinen kindlichen Vorwitz und seine Zauberkunststücke. Kaum betrat er meine Wohnung, da zog er bereits ein Ei aus meinem Ohr, oder er schluckte nacheinander sieben Münzen, die dem armen großen verbrannten Schriftsteller sicherlich sehr fehlen mussten.«

»Egon – du musst zaubern«, riefen jetzt die Freunde. Oder auch: »Erzähl den Leuten was!« Und Kisch? Annas und Egons gute Freundin, die junge Lenka Reinerová aus Prag, hat sich später an diese Momente so erinnert: »›Seid ihr verrückt?‹ Kisch rauchte im Korridor in kleinen hastigen Zügen, seine Frau Gisl bewachte den Treppenaufgang. Theodor Balk stieß ein Fenster auf, aber draußen war nur pechschwarze Finsternis und das Rauschen des Regens. ›Wir zerfransen uns hier langsam vor Sorgen und da soll ich den Leute Witze erzählen? – Also gut.‹ Kisch drückte die Zigarette aus, als er die nervösen Gesichter ringsum sah, und wandte sich dem Saaleingang zu. In diesem Augenblick erklangen Schritte auf der Treppe.«

Eine sehr, sehr breite Straße mitten in Mexico City. Vier Fahrspuren in jede Richtung, in der Mitte ein Streifen mit Blumen, hohe Palmen am Straßenrand, kleinere Bäume. Autos rasen meist ohne Licht durch die Nacht. Anna Seghers hat es eilig. Sie hat ihre Brille zu Hause gelassen. Sie denkt an ihren Vortrag, den Umzug, die Kinder, die Mutter, das Ende des *Transit*-Romans, ein Angebot aus Amerika für eine Verfilmung vom *Siebten Kreuz*, den Streit unter den Genossen, den Krieg, die Heimat. Sie eilt im strömenden Regen über die Straße, die Paseo de la Reforma heißt, weiter links oben im Nachthimmel thront ein goldener Engel auf einer Säule. Am Tage sieht er fast genauso aus wie die Göttin Viktoria auf der Siegessäule in Berlin. Dann ist es aus. Die Welt um sie herum, der Regen, die Palmen, der Engel, die Straße, der Club, die Kinder. Anna Seghers liegt leblos in der mexikanischen Nacht im Regen. Wer auch immer sie an diesem Abend hier auf der Paseo de la Reforma überfahren hat – er hält nicht an, kümmert sich nicht, hilft nicht. Der Regen rauscht herab. Ein paar Straßen weiter zaubert Egon Erwin Kisch den Gästen die Sorgen weg.

Es gibt ganz unterschiedliche Berichte darüber, wer Anna Seghers in dieser Nacht gefunden hat. Ihr Sohn Peter erinnert sich, die Notaufnahme des Krankenhauses habe in der Nacht bei ihnen zu Hause angerufen und mitgeteilt, man habe eine bewusstlose Frau am Straßenrand gefunden mit dieser Telefonnummer in der Tasche. Er solle kommen, um sie zu identifizieren. Die Schauspielerin und Lebensfreundin von Anna Seghers, Steffi

Spira, erinnert sich, Anna selbst habe ihr erzählt, erst am kommenden Morgen habe ein Mann bei Rody angerufen, um ihm zu sagen, er habe seine Frau letzte Nacht gefunden, habe aber keine Zeit gehabt, sich um sie zu kümmern, er habe sie an den Straßenrand gelegt, sein Freund habe sich weiter um sie gekümmert, er selbst habe keine Zeit gehabt, sei aber später in die Kirche gegangen, um für sie zu beten. Und Lenka Reinerová erinnert sich an zwei polnische Emigranten, die noch am selben Abend in den Heine-Club gekommen seien, um den Versammelten mitzuteilen, dass Anna Seghers einen Unfall hatte und dass sie sie ins Krankenhaus gebracht haben. Reinerová gehört zu denjenigen, die kaum glauben können, dass Anna Seghers an diesem Abend einem Unfall zum Opfer fiel. Denn: »Ihr ›Siebtes Kreuz‹ war kein gewöhnlicher Roman, es war ein Aufschrei, der unüberhörbar wurde, eine Enthüllung und Offenbarung. Er enthüllte Verbrechen und offenbarte die Möglichkeit erfolgreichen Widerstands gegen sie.« Und sie fragt sich und alle: »Hat also jemand den Fahrer mit dem schweren Lastwagen in der verschleierten Finsternis des Regenabends losgeschickt? War ein Unglück geschehen oder ein Verbrechen?«

Anna Seghers ist nicht bei Bewusstsein. Der Arztbericht verzeichnet »Weichteilwunde der rechten Frontalgegend von 2 cm Länge, großes subcutanes Hämatom in der linken Schläfengegend, symmetrische Ekchymosen in beiden Augenlidwinkeln« und vor allem: »einen line-

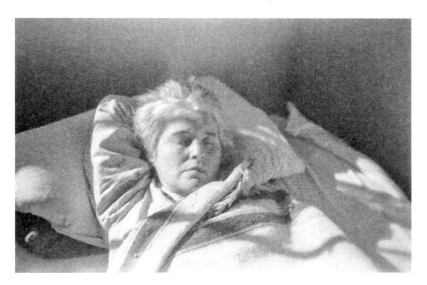

Anna im Schlaf

aren Bruch des rechten Frontalknochens«. Schädelbruch. Niemand weiß, ob Anna Seghers das überleben wird. Und wenn: Niemand weiß, ob sie jemals das Bewusstsein wiedererlangen wird, ihre Erinnerungen, ihren Verstand, ihre Plauderlust, ihre Erzählkunst. Ihr Leben.

Vier Tage lang hält die völlige Bewusstlosigkeit an. Ihre Familie, ihre Freundinnen wechseln sich währenddessen an ihrem Krankenbett ab. Wie gebannt beobachten sie die Abwesende, ob sich nicht ein Zeichen des Erwachens zeige. Man hatte ihr die langen Haare abgeschnitten. Ihr Leben lang hatte Anna Seghers lange Haare getragen, lange Zöpfe als Mädchen, später immer einen Dutt am Hinterkopf, wie eine Haar-Uniform, ihr auffälligstes Erkennungszeichen. Jetzt waren sie weg. Ein »Schädel wie Lenin«, erkannte Kisch, als er wieder lachen konnte.

Doch jetzt, in diesen Tagen zwischen Leben und Tod, lacht niemand. Banges Warten, Lauschen, Flüstern, Schauen. Fast beschwörend sieht man sie an. Kann man sie ins Leben zurücklauschen, zurückwünschen, zurücksehnen, zurückflüstern? Einfach durch Dasein, Schauen, Hoffen, Bitten, Warten? Lenka Reinerová beschreibt das Warten, die Stille und die Helligkeit in diesen Tagen so: »Vor dem Fenster des Krankenzimmers waren weiße Vorhänge dicht zugezogen. Auf dem einzigen, hochgeschraubten Bett inmitten des stillen Raums lag bewusstlos eine Frauengestalt, die geschlossenen Augen tiefblau und violett unterlaufen, den geborstenen Kopf in dickes Verbandszeug gebettet.

Draußen glühte die Sonne vom sattblauen Himmel. Auf den Straßen wimmelten Menschen, klatschten nackte Fußsohlen auf festgestampfte Erde, wippten maisgelbe Strohhüte auf glänzend schwarzen Haaren. Jenseits des Gartenzauns, der das behäbige Gebäude von der übrigen Welt trennte, hockten Indiofrauen am Rande des Gehsteigs und boten in weiße Tücher eingeschlagene Tortillas an.«

Sie ist ganz still. Eine beinahe heilige Atmosphäre um sie. Lenka Reinerová ist auch viele Jahre später nie das Gefühl losgeworden, damals unaufgefordert und ungewollt in eine Sphäre eingedrungen zu sein, in die nur die Bewusstlose allein hätte Einlass gewähren können. Doch jemand musste bei ihr sein. Es war so viel Angst, so viel Hoffnung um die Geistesabwesende. Es konnte ja sein, dass sie die Augen aufschlägt, dass sie etwas sagt, dass sie ein Zeichen gibt. Von Leben. Bewusstsein. Erkennen. Erinnerung. Verstand. Es musste immer jemand bei ihr sein und aufmerksam schauen, hören, fühlen, ob sie zurückkommen würde. Ob sie etwas sagt. Und was.

Vier Tage lang geschieht nichts. Vier Tage lang liegt sie wie tot. Dann irgendwann hören die, die sie bewachen, ein Wehklagen in ihr, ein Stöhnen, leise Schreie, Schreckensschreie, irgendwann ein Murmeln. Was murmelt sie? Wer bei ihr sitzt, wagt kaum zu atmen, lauscht angespannt auf ihre Worte. Von einer Blume flüstert sie, von zu viel Licht, dann von zu viel Dunkelheit, dann beschreibt sie murmelnd die Zubereitung eines Salates, und schließlich erzählt sie von einem langen Zug, dem sie nachzulaufen versuche. Wörter kehren zurück, Erinnerungen, Empfindungen, Ängste. Der davonfahrende Zug, gewiss ist das der Zug, dessen Existenz sie immer geahnt und gefürchtet hatte, in dem ihre Mutter nach Polen deportiert wurde. Dann, als sie ihren Sohn Peter erkennt, sagt sie zu ihm den überraschenden Satz: »Nicht wahr, Peter, es gibt gute und schlechte Filme.« Und er glaubt, dass sie damit das entstehende Drehbuch für die Verfilmung des *Siebten Kreuzes* meint, dessen Verhunzung und Verstümmelung sie fürchtet. Dann fügt sie halb spanisch, halb deutsch hinzu: »Me duele el armo!«, der Arm tut ihr weh.

Es sind die Tage zwischen Tod und Leben. Eine Schwebezeit. Es gibt Bilder von ihr aus dem Krankenhaus. Graue kurze Haare unter einem weißen Leinentuch und einer groben Wolldecke. Sie scheint zu schlafen. »Immer alle auf der Flucht vor dem Tod, in den Tod«, hatte sie in *Transit* geschrieben. Der Roman der Fliehenden in dieser Transitwelt. Transit – das war in ihrem Buch immer auch die Überfahrt vom Leben in den Tod. »Damals hatten alle nur einen einzigen Wunsch: abfahren. Alle hatten nur eine einzige Furcht: zurückbleiben.

Fort, nur fort aus diesem zusammengebrochenen Land, fort aus diesem zusammengebrochenen Leben, fort von diesem Stern!«, hatte sie geschrieben. Und diesen grauenvollen Satz über die Toten im Meer und die

Freude der Zurückgebliebenen: »Von den Schiffen, die ohne sie abfuhren, aber aus irgendeinem Grund ihr Ziel nie erreichten, hören alle am liebsten.«

Anna Seghers kehrt langsam, ganz langsam aus dem Zwischenreich zurück ins Leben. An den Unfall und die unmittelbare Zeit davor und danach wird sie sich nie erinnern können. »Erzähl doch von meiner Zeit im Krankenhaus«, wird sie ihre Freundin Lenka Reinerová noch Jahre später bitten. Doch die spürt immer noch diese Scheu – ihre Freundin beobachtet und belauscht zu haben in einer Zeit, als sie selbst nichts von sich wusste. Ein Sakrileg. Ein Geheimnis.

Langsam gewinnt sie die Welt und die Erinnerung und die Sprache zurück. Sie lernt das Zählen neu, zählt immer wieder laut und eindringlich vor sich hin, wie um sich ins Leben zurückzuzählen, Zahl um Zahl, dann die Wochentage, Monate, die Uhrzeit. Es ist ein bisschen wie eine zweite Geburt. Ihre Kinder, ihre Freundinnen, ihr Mann helfen ihr beim Wiedereintritt ins Leben, in ihre Erinnerungen.

Ein Bild zeigt sie mit ihrer Tochter Ruth, damals 15 Jahre alt. Diese trägt ein Kleid, wie es ihre Mutter immer trägt. Dunkel, wahrscheinlich blau, gesprenkelt mit weißen Punkten, darunter ein steifer weißer Kragen, das dunkle Haar hochgesteckt, die Augen halb geschlossen, dahinter ein helles Fenster. Ihre Mutter mit dem kurzen grauen Haar legt müde ihren Kopf auf die Schulter der Tochter, schaut mit leerem Blick nach unten, sie trägt ein gemustertes Nachthemd, traurig, abwesend, schutzsuchend. Ruth hat den Arm um sie gelegt, die linke Hand auf der Schulter der Mutter. Sie hat viele Jahre später einmal gesagt, dass sie es bedauert, dass ihre Muttter nie ihre Sorgen damals mit ihr teilte. Dass sie all die Schwierigkeiten des Alltags eigentlich allein bewältigte und alles dafür tat, dass die Kinder die Flucht, das neue Leben als ein Abenteuer betrachten konnten. Von ihrer Angst, ihren Kämpfen, ihren Sorgen teilte sie mit den Kindern beinahe nichts. Hier, in diesem Krankenhaus mitten in Mexico City, haben sich die Verhältnisse für einen Moment umgekehrt. Die starke, junge, große Tochter bietet der kleinen, alten Mutter Trost und Schutz. Ein winziger Moment der Unachtsamkeit in einer mexikanischen Nacht, und die Welt ist vertauscht. Die Tochter ist die Mutter. Die stets alles im Griff habende Mutter plötzlich das kleine Kind. Und es sieht ein wenig so aus, als sei das in diesem Moment einfach nur gut so. Für beide.

»Was machen all die Menschen da drüben?«, hatte der Erzähler in *Transit* sich gefragt. »Ein neues Leben beginnen? Berufe ergreifen? Komitees einrennen? Den Urwald roden? Ja, wenn es sie wirklich da drüben gäbe, die vollkommene Wildnis, die alle und alles verjüngt.«

Die Reise, auf der sich Anna Seghers jetzt, am eigentlichen Endpunkt ihrer Reise, befindet, ist eine Reise in die Vergangenheit. In die Kindheit. Die Landschaft der Kindheit. Die Heimat im Kopf, in der Erinnerung.

Einmal die Mutter schützen. Nach dem Unfall, mit ihrer Tochter Ruth

Langsam, Schritt für Schritt zurück. In der Wildnis, die alles verjüngt.

Die ersten Schritte gehen in den Garten des Krankenhauses. Üppige, exotische Pflanzenwelt. Bougainvillea, Hibiskus, Pfefferbäume, Lorbeer. Alles fremd und farbenfroh. Doch es gibt eine Bank, von der aus man, wenn man will, nur das kleine Rasenstückchen vor den eigenen Füßen sieht, Gänseblümchen wachsen da. Steffi Spira erinnert sich an diesen Ort, an die Momente, die Anna Seghers auf dieser Bank verbrachte. »Das war, als wäre man zu Hause«, erinnert sie sich.

Und sie sprechen über zu Hause, so gut das eben schon wieder geht. Jeden Tag geht es ein wenig besser, jeden Tag sieht sie etwas klarer, kehrt langsam zurück in die Fremde hier und die Vertrautheit im Kopf. Bald wird sie aus dem Krankenhaus entlassen, darf nach Hause, das nun das schöne kleine Haus in der Avenida Industria ist. Die Tage verbringt sie im Garten von Freunden, die nicht weit von hier wohnen. Das Ehepaar Lindau und ihr Sohn Luis, Emigranten aus Deutschland, gute Freunde. Ihr Garten ist eine traumhafte Mischung aus Heimat und Fremde, eine Wiese, die Beete auf europäische Art angelegt, ein alter Nussbaum, in dessen Schatten ein Tisch und ein Strecksessel für Anna Seghers bereitstehen. Dazu überall die leuchtenden Farben der Blumen, Gelb und Rot und Orange. Hier verbringt Anna Seghers nun ihre Tage. Die Hausherrin bringt Schinkenbrötchen und selbstgemachtes Vanilleeis mit

Der Blick nach innen. In Guadalajara, Herbst 1943

heißer Schokoladensauce, dazu Ananasküchlein, denn »hier gibt es ja keine Kirschen«, entschuldigt sie sich.

Ein Traum. Und Anna Seghers geht Schritt für Schritt voran. Sie erzählt. Eine Kordel mit Knoten in der Hand, »ihre Erzählschnur« nennt die ihr Sohn Peter. Ein kleines Tau, an dem sie sich in die Tiefen der Zeit hinabfallen lässt. Wie einen Rosenkranz lässt sie es durch die Finger gleiten.

Es sind die Tage zwischen Loslassen und Zugreifen hier am Tisch unter dem Nussbaum auf dem Strecksessel. Anna Seghers erzählt und fängt bald wieder an, das Erzählte aufzuschreiben. Sie erzählt in diesen Tagen so direkt und ungeschützt und persönlich von sich selbst wie nie zuvor und nie danach. Es ist, als habe ihr in diesen Tagen jemand die Schutzdecke weggezogen, die sie behütet und gewappnet hat in all den Jahren zuvor und in all den Jahren, die noch kommen werden. Was sie erzählt und schreibt in diesen Tagen, ist wie eine Vision ihres frühen Lebens, Kern dessen, was sie ausmacht, ihre Ängste, ihre Hoffnungen, ihre Müdigkeit und schließlich wieder: ihr Sich-selbst-Bezwingen. Bewältigung der Aufgabe, für die sie sich in die Welt gestellt glaubt. Den Text, der langsam in ihr entsteht, wird sie später unter dem Titel *Ausflug der toten Mädchen* veröffentlichen. Näher ist sich Anna Seghers in ihrem Schreiben nie gekommen als in dieser kurzen Erzählung am Rande des Nichts.

Eine Frau in der Fremde. Mit einem »Nein« fängt es an. Die Erzählerin versucht, einem Mann am Rande der

Welt ihre Herkunft zu erklären. »Aus Europa«, sagt sie, und dem Mann scheint diese Auskunft so unwahrscheinlich wie eine Herkunft vom Mond. Sie ist hier im grellen Licht der mexikanischen Sonne, am Rande einer öden Schlucht, was ist das für ein Licht, ein einzelnes, vom Himmel gefallenes Licht? Alles verschwimmt. Ist dieser Dunst, hinter dem die Berge verschwimmen und das Rancho, das da eben noch vor ihr lag, ist das Sonnenstaub, der alles verhüllt, oder ist das ihre Müdigkeit? Wie ist sie hierhergeraten? Sie ist doch gerettet und in Sicherheit. Ist es wahr, dass die Rettungsversuche der Freunde die offensichtlichen Unglücke alle von ihr gebannt haben und dabei versteckte Unglücke beschworen haben? Immer, immer hatte sie auf Abenteuer gehofft und Reisen und Entdeckungen, und nun hat sie längst von alledem zu viel. Viel zu viel. Und nur ein einziges Abenteuer scheint ihr noch erstrebenswert: die Heimfahrt.

Sie ist müde, unendlich müde, aber sie fühlt, sie muss in Richtung Licht, sie muss hinter diese weiße Mauer, da ist die andere Welt, hinter der Palisade aus Kakteen. Und schon ist sie hinter der Mauer, ein Wappen markiert die Grenze zwischen den Welten, es kommt ihr bekannt vor, ist das ein steinerner Seestern? Ein Sonnenrad? Oder das Mainzer Rad?

Es ist die Grenze zum Totenreich, zur Kindheit, zu den Eltern, den Freundinnen, der Heimat, Mainz, zum Rhein, den Wiesen, der Unschuld, Unschuld des Landes, von ihnen allen. Schweben, sterben, dichten – zurück dorthin, wo einmal alles gut war. In ihrer Mexiko-Erzählung *Crisanta* wird sie später schreiben: »Sie war einmal in ihrer frühesten Jugend an einem Ort gewesen, der keinem anderen auf Erden glich. Dort war ihr so wohl zumute gewesen wie nie mehr später. Als sei sie allein für sich von einem besonderen Himmel behütet. Wenn sie sich fragte, was es gewesen war, dann fiel ihr immer nur ein: Blau. Ein sanftes und starkes Blau, das es später nirgendwo gab. Die ganze Welt war vorbeigerauscht, doch nicht durch das Blau gedrungen.« Und in der anderen Mexiko-Erzählung, die eine einzige Reise der Suche nach dieser Farbe war, die für sie Mexiko war, *Das wirkliche Blau*, wird sie schreiben: »Er fuhr abwärts in dem Schacht der Erinnerung, immer tiefer und tiefer, bis er endlich aussteigen konnte.«

Jetzt, hier, in der Erzählung *Ausflug der toten Mädchen*, in dem heimatlichen Garten fern von zu Hause, alte Erinnerungen sammelnd, darin immer tiefer abwärts fahrend, steigt sie aus. Sie, Anna Seghers, gewinnt in dieser Erzählung langsam ihr Leben, ihre Erinnerungen zurück.

Sie hört ein Knarren, sieht das vertraute Wappen, riecht ein frisches Grün, sieht ein Tor, geht hindurch und hört das Wort wie einen Zauberspruch, der die Wirklichkeit verbannt und die andere Welt sichtbar macht: »Netty!« Ihr Kindername, Name ihrer Geburt, zu dem der Beamte den Vater nötigte, weil Jeanette zu französisch war. Netty, der Name ihrer Kindheit in Mainz. All die Leben, die sie seitdem gelebt hat, sind durch die Anrufung dieses Namens von ihr abgefallen. Die Namen der Schriftstellerin, der Politikerin, der Verfolgten, der Verhörten, der in immer neuen Rollen festgelegten Frau, die einstmals Netty Reiling hieß. Sie schreibt, dass sie auf diesen Namen, auf die Wirkungskraft dieses Namens gehofft hatte, als sie krank und besinnungslos im Krankenhaus lag. Gehofft, der alte Name könnte sie selbst wieder in die alte Netty verwandeln, in den Menschen, der sie einmal war. Doch er blieb verloren, der Name, »von dem ich in Selbsttäuschung glaubte, er könnte mich wieder gesund machen, jung, lustig, bereit zu dem alten Leben mit den alten Gefährten, das unwiederbringlich verloren war«.

Sie sieht eine Wippe im Dunst und tritt durch das Tor in diese alte, beinahe vergessene Welt. Eine Wippe im Garten, auf und ab, auf und ab, wie eine Waage des Lebens, Waage der Kindheit, zwei Mädchen sitzen darauf, mal ist die eine oben in der Luft, mal die andere, Leni und Marianne, ihre besten Freundinnen damals in Mainz. Sehen aus wie damals, wie immer, ohne Falten, ohne Sorgen, keine Spur des späteren Lebens, keine Spur von Schuld. Die Wippe als eine Art Ying und Yang des Lebens. Die beiden Mädchen brauchen einander, um in spielerischer Bewegung zu bleiben, in der Luft, am Boden und schwebend in der Zeit dazwischen. Die Erzählerin, die die beiden jetzt im Licht sieht, weiß von ihrem Schicksal im weiteren Verlauf des Lebens. Sie weiß, dass Leni im zweiten Kriegswinter in einem Frauen-KZ verhungert ist, sie weiß auch von Mariannes Tod, sieht sie, in ihrer Vision, »mit halb verkohltem Körper, in rauchenden Kleiderfetzen in der Asche ihres Elternhauses« liegen. Bei einem Fliegerangriff ums Leben gekommen. In den Jahren zuvor hatte sie ihre einstige Freundin verleugnet und verraten, war von der herrschenden Ideologie der Zeit vergiftet worden, überzeugte Nationalsozialistin, Verächterin der Juden, auch derer, die sie einst so gut gekannt und – wie ihre Lehrerinnen – verehrt hatte. Am Ende war alles scheinbar gleich: »Sie hatte keinen leichteren Tod als die von ihr verleugnete Leni, die von Hunger und Krankheiten im Konzentrationslager abstarb.«

Die Erzählung, wie Anna Seghers sie in diesen Tagen schreibt, kennt keine Urteile, keine Verdammnis und fast keine Hoffnung. Sie ist voller Staunen darüber, was möglich ist auf Erden. Staunen über die Mächte, die einstmals befreundete, gleich freudige, gleich optimistische, gleich federleichte Mädchen im Garten im Verlauf des Lebens zu Mörderinnen, zu Opfern, zu Täterinnen werden lassen. Ohne Erinnerung an einst. Ohne eine Kraft in ihnen, die sie wappnet gegen die Verführungen der Macht. Der Ideologien. Des Hasses.

Die Erzählerin scheint über diesen Garten zu schweben, über die Zeiten, kennt den Anfang dieser Leben, kennt die Enden, beschwört die Heimat, die Freundschaft und ist beherrscht von der Frage: Was hätte man tun können, nein, was hätte sie tun können, was hätte ihr Beitrag sein können oder müssen, um all das zu verhindern?

Zunächst ist alles schön und leicht. Eingehüllt in die Wolke Erinnerung und Sehnsucht zurück. Die Mädchen von damals waren auf einem Ausflug auf dem Rhein, Blick über die grüne Ebene, erste Ahnung von Freiheit und Verbundenheit und Schönheit: »Je mehr und je länger ich um mich sah, desto freier konnte ich atmen, desto rascher füllte sich mein Herz mit Heiterkeit. Denn fast unmerklich verflüchtigte sich der schwere Druck von Trübsinn, der auf jedem Atemzug gelegen hatte. Bei dem bloßen Anblick des weichen hügeligen Landes gedieh die Lebensfreude und Heiterkeit statt der Schwermut aus dem Blut selbst, wie ein bestimmtes Korn aus einer bestimmen Luft und Erde.«

Zärtlich und erschrocken geht die Erzählerin die Reihen der Mädchen von damals durch. Da ist »eine kleine stupsnäsige Nora, mit dünnem Stimmchen«, die Kaffee ausschenkt und Zucker austeilt, fünf Zeilen später ist sie schon »Leiterin der nationalsozialistischen Frauenschaft«. Eben sieht sie noch die Lehrerin Fräulein Sichel »beinahe sogar mit Verliebtheit« an. »Im ersten Weltkrieg würde sie sich noch immer freuen, dass sie in einer Abteilung des Frauendienstes, der durchfahrende Soldaten tränkte und speiste, die gleiche Dienstzeit wie Fräulein Sichel hatte. Doch später sollte sie dieselbe Lehrerin, die dann schon greisenhaft zittrig geworden war, mit groben Worten von einer Bank am Rhein herunterjagen, weil sie auf einer judenfreien Bank sitzen wollte.«

Was hat die Welt entzweigeschlagen und was hat die einen Mädchen auf die Seite der Unbarmherzigkeit gebracht und was die anderen auf die Seite der Hilfsbereiten, der Mitleidigen? Marianne zum Beispiel, da ist die Erzählerin sicher, ist einfach an den falschen Mann geraten. Ihr erster Geliebter, den wir hier beim Rheinausflug schon kennenlernen, Otto Fresenius, der hätte sie davor bewahrt, zu dieser Unbarmherzigen zu werden. Die Erzählerin sieht es in seinem Gesicht. Er ist ein Gewappneter. Das weiß sie einfach. Und er hätte auch die Kraft gehabt, ihre Freundin Marianne zu wappnen. Hätte sie vielleicht zu einer Heldin gemacht, die ihre frühe Freundin Leni gerettet hätte: »Otto Fresenius hätte vielleicht schon vorher Mittel gefunden, der Leni zur Flucht zu verhelfen. Er hätte wahrscheinlich dem zarten schönen Gesicht seiner Frau Marianne nach und nach einen solchen Zug von Rechtlichkeit, von gemeinsam geachteter Menschenwürde eingeprägt, der sie dann verhindert hätte, ihre Schulfreundin zu verleugnen.«

Doch Otto starb im Ersten Weltkrieg, und Marianne geriet an einen anderen. An einen, der ihr Verachtung und Vergessen einimpfte. Verachtung zum Beispiel für ihre frühe Freundin Leni und Vergessen der gemeinsamen Zeit, ihrer gemeinsamen Wurzeln, ihres ausgleichenden Spiels auf der Wippe am Rhein.

Anna Seghers, langsam genesend im Garten der Lindaus in Mexiko, sieht ihr altes Land, die Schuld der Menschen dort, ihre eigene Schuld des Weggehens. Des Nichtkämpfens. Sie sieht Menschen, die blieben und sich nicht hineinreißen ließen in den Strudel der Zeit. Das alte Fräulein Mees, ihre Lehrerin, der die drei Mädchen damals, Leni, Marianne, Netty, folgten wie drei Küken. Die schon damals das Kreuz um den Hals trug und es auch später, als es längst lebensgefährlich war, nicht ablegte, das Kreuz der Bekennenden Kirche, das sie wappnete gegen die Versuchungen der Zeit. Oder ihre Freundin Gerda, ein Mensch, solche gibt es ja, »zur Krankenpflege und Menschenliebe geboren, zum Beruf einer Lehrerin in einem aus dem Bestand der Welt fast verschwundenen Sinn, als sei sie auserlesen, überall Kinder zu suchen, denen sie vonnöten war, und sie entdeckte auch immer und überall Hilfsbedürftige«. Auch Gerda ist tot. Sie hat sich das Leben genommen, nachdem ihr Mann, als sie am ersten Mai einmal kurz das Haus verlassen hatte, in der Zwischenzeit die Naziflagge am Fenster ihrer Wohnung gehisst hatte. Wie es der Staat zu diesem Feiertag befahl und wie sie, Gerda, es ihm verboten hatte. Der feige Mann hisste die Fahne, und Gerda nahm sich das Leben. Einsam und unbeachtet. »Niemand stand ihr bei. Sie blieb in dieser Stunde hoffnungslos allein, wie vielen sie selbst auch beigestanden hatte.«

Anklage und Selbstanklage. Wo sind alle die guten

Menschen von einst? Wo ist sie selbst? Wem steht sie selber bei? Wen lässt sie allein? Die deutschen Gesichter, die sie sich vorstellt und die sie erinnert, tragen beinahe alle diese Unschuld im Gesicht. Die meisten tragen sie nicht zu Recht. Es sind verlogene Gesichter, die die eigene Schuld verbergen, noch nicht wahrhaben wollen, vielleicht wirklich noch nicht sehen. Die Menschen von Mainz, viele noch immer unversehrt, unversehrt wie einige Häuser der Stadt, unversehrt – »so waren auch ihre behaglichen, durch und durch vertrauten, mageren und dicklichen, schnurr- und vollbärtigen, warzigen und glatten Gesichter unversehrt von der Schuld ihrer Kinder und von dem Wissen dieser Schuld und Zusehen und Dulden dieser Schuld aus Feigheit vor der Macht des Staates«.

Bannfluch aus einem Garten in Mexiko. Von einer Frau mit kurzgeschorenen grauen Haaren, deren Buch über die gelungene Flucht aus einem Konzentrationslager viele tausend amerikanische Soldaten in diesen Tagen – nach dem Kriegseintritt der USA im Dezember 1941 – im Rucksack über den Atlantik trugen – und vielleicht auch lasen. Die Zöpfe ihrer Kindheit spürte die Erzählerin wieder, als sie danach griff. Sie waren wieder da, blitzgewachsen in ihrer Phantasie, wiedergefunden in ihrem Tauchgang in die Vergangenheit. Ihre Vision ist stark genug, dass sie selbst ihre Zöpfe eine kurze Zeit lang für echt halten könnte. Echter als das kurze Haar der Wirklichkeit.

Der Ausflug der toten Mädchen, wie Anna Seghers ihn hier beschreibt, ist vor allem eine Beschwörung, Beschwörung der alten Zeit, Bewahrung des Vergangenen um jeden Preis. Ihr Kampf gegen das Umsonst. Gegen das: umsonst gestorben, umsonst gelebt, umsonst gekämpft. Aber auch ein Hadern mit sich selbst und eine kritische Selbstbefragung. Habe ich hart genug, genau genug, eindeutig genug geschrieben? Habe ich alles festgehalten und gerettet für die Zeit danach?

In den Wochen, da sie beinahe ihr Gedächtnis verlor und ihre Erinnerungen, wird Anna Seghers mit zuvor nicht für möglich gehaltener Deutlichkeit klar, dass all das verschwinden könnte, wenn sie es nicht bewahrt. Wie schnell ist ein Gedächtnis kaputt, wie schnell sind Erinnerungen fort für immer. »Mich selbst durchfuhr plötzlich«, schreibt sie, als sie über Fräulein Sichel schreibt, die geliebte Lehrerin, die später als »Judensau« von ihren früheren Schülerinnen von der Parkbank gejagt werden wird, »da ich dicht neben ihr saß, wie ein schweres Versäumnis in meinem Gedächtnis, als ob ich die höhere Pflicht hätte, mir auch die winzigsten Einzelheiten für immer zu merken, dass das Haar von Fräulein Sichel keineswegs von jeher schneeweiß war, wie ich es in Erinnerung hatte, sondern in der Zeit unseres Schulausfluges duftig braun, bis auf ein paar weiße Strähnen an ihren Schläfen.«

Die höhere Pflicht der Literatur, die höhere Pflicht der Anna Seghers fern der Heimat. Die Taten der Helden bewahren, das Gute bewahren, wie jene Gerda, die zur Menschenliebe geborene. Seghers weiß: »Ihr Leben selbst war leichter vertilgbar als die Spuren ihres Lebens, die im Gedächtnis von vielen sind, denen sie einmal zufällig geholfen hat.«

Dann irgendwann verschwindet das Licht aus ihrer Vision, »alles lugte rasch noch einmal aus dem Rhein, bevor es in der Dämmerung verschwand«, sie sieht sich mit den beiden Lebensfreundinnen von einst, vereint in einer Verbundenheit, »die einfach zu der großen Verbundenheit alles Irdischen unter der Sonne gehörte«. Sie kann es nicht fassen, dass eines der drei Mädchen in der Landschaft später dem Wahn verfallen wird, dass nur ihre Liebe zu der Landschaft die echte Liebe ist.

Jetzt ist es dunkel. Es ist zu spät. Anna Seghers schreibt zu spät. »Nie«, schreibt sie, »nie hat uns jemand, als noch Zeit dazu war, an diese gemeinsame Fahrt erinnert. Wieviele Aufsätze auch noch geschrieben wurden über die Heimat und die Geschichte der Heimat und die Liebe zur Heimat, nie wurde erwähnt, dass vornehmlich unser Schwarm aneinandergelehnter Mädchen zur Heimat gehörte.«

Als noch Zeit dazu war ...

Die Heimkehr dann ist schrecklich. Der Ausflug ist zu Ende, die ganze Sicherheit des schönen Tages ist verflogen, die Erzählerin spürt einen Anflug von Angst, je näher sie dem Zuhause kommt, sie geht ihren Lieblingsweg nach Hause, sieht die großen Eschen, die sich wie ein Triumphbogen über die Straße spannen, »unzerstört, unzerstörbar«, sie ist müde, froh, endlich vor ihrem Elternhaus zu stehen, alles kann jetzt gut sein. »Nur kam es mir unerträglich schwer vor, die Treppe hinaufzusteigen.«

Ihre Mutter schaut von der Terrasse im zweiten Stock hinab. Sie wartet schon auf ihre Tochter. Sie sieht so jung aus, viel jünger als Anna, das Haar ganz dunkel, viel dunkler als das ihrer Tochter. Vertauschte Rollen, vertauschte Zeiten, wie kann das sein? Da erkennt ihre Mutter sie, sie winkt ihr von oben zu, Anna stürzt ins Treppenhaus. Doch warum ist sie plötzlich so müde? »Der graublaue Nebel von Müdigkeit hüllte alles ein.« Sie zwingt sich hinauf. Müdigkeit kann sie doch nicht hindern. Aber Dunst hüllt die Treppe ein, sie ist plötzlich unerreichbar hoch, unbezwingbar steil. Ihr versagen die Beine. Sie wird die Treppe heute wohl nicht hinaufkommen.

Ihrer Freundin Steffi Spira hat Anna Seghers oft einen Fiebertraum ihrer Kindheit geschildert, darin lief sie »eine steile Treppe hinunter, hielt sich dann am Treppengeländer fest, um die Biegung zum nächsten Absatz zu erreichen, da schnurrte ein kleines Männlein im Riesentempo das Geländer hinunter, sprang ab, stand neben ihr und wurde gewaltig groß«. Anna habe bis ins hohe Alter nicht gewusst, erinnerte sich Steffi Spira, ob sie es geträumt oder erlebt habe. Die Erinnerung jedenfalls an das kleine Männlein, das im Sprung von der

Treppe plötzlich gewaltig groß wird, hat sie immer begleitet. Jetzt hier, in der mexikanischen Vision der Erzählerin, wird sie die Treppe nie hinaufklettern können. Zu groß die Müdigkeit, zu steil die Stufen, unbezwingbar. So nah die Mutter, so unerreichbar. »Ich stellte mir vor, wie sie umsonst auf mich wartete, nur ein paar Stufen getrennt.«

Alles fließt in diesen Momenten der Erzählung zusammen: Zunächst die Erinnerung an eine frühe Zeit, als alles gut war. Dann das Wissen um ihre allein in Mainz zurückgelassene Mutter, die ihrem Schicksal, dem Abtransport ins Konzentrationslager, einsam und verlassen entgegensehen musste. Und die sie sich als Wartende, als auf ihre Tochter Wartende vorstellt. Und schließlich ist es auch die Vision des eigenen Todes, die Anna Seghers hier heraufbeschwört. Die Treppe ins Totenreich, hinauf zu ihrer Mutter, von der sie ahnt, so fest ahnt, dass es schon beinahe ein Wissen ist, dass sie nicht mehr lebt. Und sie selbst, in ihrer Todesnähe, ist ihr ganz nah. Es bedarf nur noch des eigenen Sterbens, dann sind sie wieder vereint.

Doch die Vision endet, das brennende Licht fällt in das dunkle Treppenhaus, es weitet sich »in eine unbezwingbare Tiefe wie ein Abgrund«. Die Erzählerin fragt sich, wo sie die Kraft für die Rückkehr in ihr Dorf nehmen soll, wo sie doch schon für diese kleine Treppe zu schwach war. Aber sie reißt sich empor. Sie hört das Klatschen der Pfannkuchenbäcker, wundert sich, zu

Hause in Rheinhessen, da werden die Pfannkuchen doch nicht in die Luft gewirbelt? Es sind die Tortilla-Bäcker von Mexiko, der hiesige Pfannkuchen: Mexiko-Pfannkuchen oder auch: Hessen-Tortillas. Die Hühner krähen wie Truthähne. Es sind Truthähne. Das Geländer verwandelt sich in einen »mächtigen, pfähleartigen Zaun aus Orgelkakteen«. Sie ist zurück in der Sonne, zurück in Mexiko, der Mann unter dem Sombrero, der sie eben noch wie ein Mond-Wunder anstarrte, sieht sie schon gar nicht mehr. Sie ist Landschaft geworden, unsichtbar, sie gehört hierher. Niemand wundert sich mehr über ihre exotische Herkunft.

Aber die Müdigkeit ist doch noch da? Muss sie wirklich diese schöne, grüne, vertraute Heimat-Vision verlassen? Darf sie nicht ausruhen für immer? Sie ist zu müde für auch nur einen einzigen Schritt. »Ich fragte mich, wie ich die Zeit verbringen sollte, heute und morgen, hier und dort, denn ich spürte jetzt einen unermesslichen Strom von Zeit, unbezwingbar wie die Luft.«

Doch sie ist ja auf der Welt, um das Unbezwingbare zu bezwingen. Auch die eigene Müdigkeit, auch die Zeit. Niemals die Dinge einfach geschehen lassen. Sich dagegenstemmen. Mit aller Kraft. Gegen die Müdigkeit, gegen sich selbst: »Man hat uns nun einmal von klein auf angewöhnt, statt uns der Zeit demütig zu ergeben, sie auf irgendeine Weise zu bewältigen.«

Und da fällt ihr zum Schluss auch der Auftrag wieder ein, der Auftrag der Lehrerin, den Ausflug zu beschreiben. Jener Auftrag, von dem sie schrieb, wenn er früher, viel früher ausgeführt worden wäre, hätte er vielleicht eine große Wirkung gehabt. »Nie hat uns jemand, als noch Zeit dazu war, an diese gemeinsame Fahrt erinnert.« Jetzt ist nicht mehr Zeit dazu. Aber der Auftrag muss dennoch ausgeführt werden, wenn sie nicht aufgeben will, wenn wir nicht aufgeben wollen. »Ich wollte gleich morgen oder noch heute Abend, wenn meine Müdigkeit vergangen war, die befohlene Aufgabe machen.« So endet die Erzählung.

Anna Seghers kämpft sich zurück ins Leben und in die Wirklichkeit. Langsam aus dem tiefen Brunnen der Vergangenheit zurück ins Jetzt. Es war eine schöne traumhafte Reise zurück ins Kinderreich, ins Reich der Unschuld und der großen Hoffnungen, die ihr durch den Unfall und den Gedächtnisverlust aufgezwungen wurde. Und jetzt wieder diese Gegenwart. Jetzt wieder diese Kämpfe. Dieses Warten. »Meine Sehnsucht wächst von Tag zu Tag«, hatte sie schon ein Jahr vor ihrem Unfall an Weiskopf in New York geschrieben. Inzwischen ist diese Sehnsucht fast unerträglich geworden. Sie betäubt sich mit Arbeit. Sie haben jetzt dieses schöne Haus in der Avenida Industria, von außen ein beigefarbener Würfel, aber jeder hat dort sein eigenes Zimmer, und Anna hat das Dach. Jeden Morgen steigt sie hinauf, sie haben helles Segeltuch darüber aufgespannt, gegen die Sonne, ein kleiner Tisch, ein Stuhl, und sie kann

Das Schreibparadies. Auf dem Dach ihres Wohnhauses in Mexico City, Avenida Industria 215

von dort aus über die Dächer schauen, in das Grün der Bäume, die die Straße säumen. Schauen und dabei sich in sich selbst versenken, das ist Anna Seghers' Trancezustand. Der Maler Xavier Guerrero, den sie vor einer Weile kennenlernte, hat sie dabei einmal gemalt. »Im Kopf von Anna entsteht eine Geschichte« hat er das Bild genannt. Wir sehen die Umrisse eines großen Kopfes, darin kauert eine Frau mit nackten Füßen in einer Art Embryo-Stellung, ganz und gar in sich gekehrt. Eine Kopfgeburt in der Geborgenheit, Klugheit und Gefühl. Ein langsames Zur-Welt-Kommen einer anderen Welt.

Am 1. November schreibt sie an Wieland Herzfelde: »Wie du siehst, bin ich wiederhergestellt. Es geht mir noch nicht ganz gut. Meine Augennerven sind noch verletzt, doch ich schreibe wieder Briefe, ja sogar Novellen, noch sehr langsam, aber ich tue es.« Und anderthalb Monate später schreibt sie: »Ich glaube, ich kann dir das Manuskript schon ungefaehr schicken.«

Anna Seghers wird sich in keinem anderen Text ihres Lebens je wieder so offen und verletzlich und direkt offenbaren wie auf diesen Seiten, die sie vor dem Unfall konzipierte und in den Wochen zwischen den Welten, in den Wochen der langsamen Genesung aufschrieb. Ihre Rückkehr in die Kindheit und Kindlichkeit. In einem Brief vom Anfang des darauffolgenden Jahres schrieb sie an den immer noch auf Martinique festsitzenden Kurt Kersten: »Ich möchte mein Alter wenn ich es schon erleben werde höchst fade in der mit den langweiligsten Bäumen bestandenen Forsterstrasse in meiner Heimatstadt Mainz verbringen.« Es war nicht zu übersehen: Durch den Unfall war ein Riss in die Fassade der Tapferkeit gekommen. Der Kampf zurück ins Leben hatte Kraft gekostet, die an anderer Stelle fehlte. Dort, wo man die inneren Ungewissheiten und Zweifel zum Schweigen bringen musste. Der schwerste Kampf.

Der Schriftsteller Arthur Koestler, früher ein kommunistischer Kampfgenosse, der auch den Spanischen Bürgerkrieg noch auf der Seite der Kommunisten mitgemacht hatte und der nach den Moskauer Prozessen »vom Glauben abfiel« und einer der meistgehassten, -gefürchteten, wirkungsvollsten sogenannten Renegaten wurde, hat sich einmal an eine Geschichte von Anna Seghers erinnert, die sie im kleinen Kreis unter vertrauten Genossinnen und Genossen erzählt hatte. Sie berichtete »von einer geheimen Zusammenkunft mit einem Genossen in einem österreichischen Wald. Es war Frühling, und trotz der Umstände machte ihr der Waldspaziergang große Freude. Als sie dann den Mann, einen Parteifunktionär, traf, begann er sofort mit einer ›Analyse der Schwierigkeiten, der sich die Partei gegenübersah, und der Mittel zu deren Überwindung.‹ Ihr schien, dass von diesem Augenblick an alle Vögel verstummten, die Luft ihren Duft verlor und die jungen Blätter an den Bäumen zu welken begannen. Sie war und ist überzeugte Kommunistin, und dieses Erlebnis verstörte sie. ›Warum‹, fragte sie niedergeschlagen, ›warum welken die Blätter überall, wo wir hinkommen?‹«

»Unvorsichtig« nannte Koestler diese Bemerkung der von ihm, auch nach seinem Ausscheiden aus der kommunistischen Glaubensgemeinschaft, geschätzten Anna Seghers. Die törichten Parolen eines Kommunisten können einen Wald entlauben. Verlogene Formelsprache tötet das Leben, tötet die Natur. Dies zuzugeben und zu bekennen und zu benennen, war Anna Seghers nicht oft bereit.

Arthur Koestler hat auch einmal beschrieben, warum es für so viele Kommunisten auch nach den offensichtlich verbrecherischen Moskauer Prozessen, auch nach dem Bündnis Stalins mit ihrem ärgsten Feind unmöglich war, mit ihren alten Überzeugungen zu brechen. Sie waren eingeschlossen in einer hermetisch abgeriegelten Glaubenswelt: »Ich hatte keine Freunde mehr außerhalb der Partei«, schrieb Koestler. »Sie war zu meiner Familie geworden, zu meinem Nest, zu meiner geistigen Heimat. Drinnen mochte man streiten, schimpfen, sich glücklich oder unglücklich fühlen; aber das Nest zu verlassen, wie beengend und stickig es manchmal auch scheinen mochte, war undenkbar geworden. Alle ›geschlossenen Systeme‹ bewirken eine fortschreitende Entfremdung derer, die darin leben, von der Außenwelt. Ich fand eine Reihe von Leuten außerhalb der Partei anziehend, aber ich sprach nicht mehr die gleiche Sprache wie sie.«

Koestler gelang der Schritt ins Freie. Er kannte die Zwänge derer, denen der Schritt nicht gelang. Die dazu nicht bereit waren. Anna Seghers fand er anziehend und charmant, und er bewunderte sie und ihre Bücher, vor allem *Das siebte Kreuz*. Er lebte seit 1940 in England und bedauerte es, dass es ihm nie gelungen war, persönlichen Kontakt zu ihr zu finden. Vielleicht fürchtete sie sein Wissen, seine Zweifel, schon zu Glaubenszeiten. Danach war an einen Kontakt ohnehin nicht mehr zu denken.

Koestler erinnerte sich auch an eine seiner letzten Partei-Erfahrungen aus dem Inneren heraus. Anna Seghers war dabei. Es wird Ende 1937 in Paris gewesen sein, bei einem Treffen des Sozialistischen Deutschen Schriftstellerverbandes (SDS), der kommunistischen Emigrantenorganisation. Sie mussten damals ein ihnen soeben übermitteltes Schlagwort in ihrem Kreis diskutieren. Eine Art dialektischer Treuetest in Zeiten, als Untreue zur Partei, auch behauptete Untreue, sofort zum Tode führen konnte. Koestler: »Das Schlagwort lautete: ›Schreibt die Wahrheit.‹ Es war eine unheimliche Diskussion. Ich wollte, sie wäre als Dokument unserer Zeit auf Band aufgenommen worden. Wir kannten die Wahrheit, dass Tag für Tag die Führer der Revolution und unsere eigenen Kameraden in Russland als Spione erschossen wurden oder spurlos verschwanden. Und da saßen wir alle, Kisch, Anna Seghers, Regler, Kantorowicz und Uhse, in einem Privatzimmer des Café Mephisto (wie der Ort unserer Zusammenkunft angemessenerweise hieß) und besprachen ernsthaft, wie man die Wahrheit schreiben könne, ohne die Wahrheit zu schreiben. Bei unserer Kenntnis der dialektischen Akrobatik war es nicht einmal schwer, zu beweisen, dass alle Wahrheit historisch gesehen klassenbedingt und dass die sogenannte objektive Wahrheit ein bürgerlicher Mythos sei und dass ›die Wahrheit schreiben‹ bedeute, solche Themen und Aspekte einer gegebenen Situation herauszustreichen, die der proletarischen Revolution nützlich und daher ›historisch korrekt‹ seien.«

Alle hier von Koestler aufgezählten Kommunisten sind jetzt in Mexiko. Nur Kantorowicz hatten die Vereinigten Staaten aufgenommen. Und Gustav Regler war kein Kommunist mehr. Er lebte sein Leben mit seiner Frau in tiefer Isolation, abgeschieden von allen Freunden von einst. Als hätte man sich nie gekannt. Anna Seghers schrieb einmal in einem Brief an Freunde, ach ja, vom Gustav und seiner Frau, da höre man so gar nichts. Wahrscheinlich würden sie wieder mal Intrigen spinnen gegen ihre alten Freunde. Das war schon alles.

Es brauchte schon eine enorme psychische Stabilität, um aus diesem hermetisch geschlossenen Wahrheitsring der Partei auszutreten. Hinaus ins Freie, Ungeschützte. Was sind die neuen Wahrheiten im Leben da draußen? Wo ist neuer, fester Grund? Und für Autoren in der Emigration noch viel mehr. Die Partei war auch eine Vertriebs- und Erfolgsmaschine für Bücher und Autoren, und wenn sie nicht erfolgreich waren, sorgte die Partei trotzdem finanziell für ihre Leute. Auch im Exil.

Aber auch zum Bleiben brauchte man Kraft, wenn die Zweifel erstmal da waren. Sie dauerhaft innerlich zum Schweigen zu bringen – dafür bedurfte es zudem eines stabilen inneren Selbstbeobachtungsapparates. Sie nur nicht übergroß werden lassen. Wie sollte man sonst weiterleben? Auf welcher Grundlage? Wenn man mit einem Parteigenossen in den Wald geht und dessen Geschwätz entlaubt die Bäume und lässt die Vögel verstummen, braucht man schon ein starkes inneres Grün, um die Wälder nicht nackt und kahl zu sehen.

Da hilft zum Beispiel, in ein echtes Grün zu fahren, in ein stabiles, großes Grün und noch ganz andere herrliche Farben, und dabei keinen Parteiideologen mitzunehmen. Anna Seghers fährt nach Cuernavaca, gut zwei Stunden außerhalb von Mexico City. Es ist Anfang des Jahres 1944. Sie ist auf dem Weg der Besserung, das schon, jeden Tag ist sie etwas stabiler, das Gedächtnis klarer. Aber sie braucht Ruhe. Ruhe vom Familienalltag. Ruhe vom Parteiengezänk. Ruhe auch von der lauten, hektischen, riesigen Stadt. Sie will schreiben, denken, an sich selber denken. Mit dem Ende von *Transit* ist sie immer noch nicht ganz zufrieden. *Der Ausflug der toten Mädchen* soll hier endgültig fertig werden. Für all das muss sie einfach mal das brausende Mexico City ausschalten. Und in diese herrliche, paradiesische, bunte, helle Stadt reisen. Die wahre Anna wiederfinden, die sie nach dem Unfall eine Weile lang verloren hatte. Sie ist einfach noch nicht wieder komplett. Und diese Stadt hier, das weiß sie von einigen früheren Besuchen, diese Stadt hat heilende, hat beruhigende, hat fast so etwas wie eine magische Wirkung. Es ist eine kleine Flucht aus ihrem Fluchtort Mexico City heraus. Flucht vor der Fluchtwelt, die ihr manchmal einfach zu eng zu werden drohte.

Alexander von Humboldt hatte Cuernavaca, als er hierherkam, die Stadt des ewigen Frühlings genannt. Und das ist sie auch. Was für ein Überschwang an Blumen und Farben, was für ein lautes Vogelsingen, das kein Kommunist zum Verstummen bringen kann. Was für ein Licht in den Straßen der Stadt, was für eine Weite, was für ein schönes, friedliches, festliches Leben auf den Plätzen. Hier, auf dem kleinen runden Platz mit den großen hohen Bäumen hat vor Jahren Gustave Eiffel einen kleinen eisernen Kiosk gebaut. Ein kleiner Probe-Eiffelturm, umschwärmt von Kindern, die hier Limonade kaufen oder heiße, mit Butter bestrichene Maiskolben. Hier lärmen die Vögel in den Bäumen so laut, das man sein eigenes Wort kaum versteht. So viele Kinder überall. Dann, der Platz gleich nebenan, die große Plaza de Armas, man schaut auf den alten Palast, den der Eroberer Cortés hier als steinernes Symbol seines Sieges über die einheimische Bevölkerung errichten ließ. Symbol der Macht und der Unterwerfung für immer. So war er gedacht. Doch in seinem Inneren hatte vor vierzehn Jahren eine Verwandlung stattgefunden. In seinem Inneren hatte der größte Künstler Mexikos die Geschichte auf den Kopf gestellt. Oder auf die Füße. Das war 1930 gewesen. Der hässliche Hüne und seine schöne Frau hatten hier ihr Flitterjahr verbracht. Der Frosch und die Königin. Diego Rivera und Frida Kahlo. Sie hatten Ende 1929 zum ersten Mal geheiratet. Er war gerade aus der Kommunistischen Partei Mexikos ausgeschlossen worden. Jetzt wollte er die Welt neu malen. Was sind schon Leinwände, was ein Atelier, wenn man seine Gemälde auf Paläste und Straßenwände und Häuserwände malen kann. Die ganze Welt sein Atelier. Aufträge nahm er von jedem entgegen. Von der Regierung, von amerikanischen Industriellen. Diego Rivera war zu groß für kleine Partei-Kompromisse. Viel zu selbstbewusst in seiner Künstlerselbstgewissheit, um sich von der Partei die Auftraggeber vorschreiben zu lassen. Er würde die Geschichte für alle Zeiten neu schreiben und damit die Welt verändern und sehr viel Geld verdienen. Wer ihn dafür bezahlte, war ihm egal. Die Partei war zu klein für ihn geworden, zu kleingeistig. Wollte ihm seine Auftraggeber, seine Kunst vorschreiben. Lächerlich. Sein Ausschluss war eine Demonstration seines Humors und seiner Macht. Denn es gibt nur einen, der Diego Rivera irgendwo ausschließen darf. Wer? Hören wir kurz zu, wie ein Genosse den 3. Oktober, den Tag des Ausschlusses, beschreibt: »Diego traf ein und setzte sich wie üblich auf den Stuhl des Vorsitzenden. Vor sich auf den Tisch legte er eine große Pistole und deckte ein Taschentuch darüber. Dann begann er: ›Ich, Diego Rivera, Generalsekretär der Kommunistischen Partei Mexikos, klage den Maler Diego Rivera an, mit der kleinbürgerlichen Regierung zu kollaborieren. Er hat den Auftrag angenommen, das Treppenhaus im Nationalpalast auszumalen. Dies widerspricht den Interessen des Komintern. Deshalb muss der Maler Diego Rivera vom Generalsekretär Diego Rivera aus der Kommunistischen Partei ausgestoßen werden.‹ Nach diesen Worten stand er auf, zog das Tuch weg, nahm die Pistole und zerbrach sie. Sie war aus Ton.«

Er hatte es einfach selbst in die Hand genommen und damit im Moment der Niederlage der Partei noch seine Macht demonstriert. Aber er blieb natürlich Kommunist. Dafür brauchte er keine Partei. Er war seine eigene. Er holte ja später auch Trotzki fast im Alleingang ins Land. Aber er hatte mit dem Parteiausschluss auch eine Heimat verloren. Er wurde von den alten Genossen gemieden, als Verräter beschimpft. In Cuernavaca mit Frida Kahlo fand er seine Stärke wieder. Was für eine Frau war sie. Er hatte sie schon früh gemalt, wie sie Waffen ans Volk verteilte. Sie wurde seine Lebenskombattantin. Lange Zeit war er der Berühmtere, der Star der Kunstwelt, und sie hätte vielleicht in seinem Schatten stehen können, wenn sie nicht selbst so hell gestrahlt hätte. Sie waren einander ebenbürtig. Als er sie zum ersten Mal gemalt hatte, hatte er zu ihr gesagt: »Du hast das Gesicht eines Hundes«, worauf sie entgegnete: »Und du hast das Gesicht eines Frosches.«

Aber in ihrem ersten Ehejahr, hier in der Sonne von Cuernavaca, malte sie nur wenig, schaute ihrem Mann vor allem beim Malen zu, wie er da auf dem Gerüst stand oder saß, im Palast des spanischen Sieges – und seinen Traum malte. Der US-Gesandte in Mexiko, Dwight M. Morrow, hatte ihm 12 000 Dollar versprochen und diese gigantische Leinwand zur Verfügung gestellt: den Palast. Eine Galerie von vier Meter Höhe und 32 Meter Länge, nach Osten ausgerichtet. Die Bögen im Westen gaben den Blick frei über das ganze Land, die Berge, die Schluchten, den Himmel. Diego Rivera erzählt hier die Geschichte der Eroberung Mexikos ganz neu. Er erzählt von der brutalen Gewalt der Eroberer, er erzählt von den Scheiterhaufen der Inquisition, er erzählt von dem Verrat an den Indianern, er erzählt vom Eroberer Cortés und wie er das gestohlene Gold zählt. Er erzählt vom Preis, den das mexikanische Volk für den Sieg der Spanier zahlen musste. Er zeigt das Leid der Indianer, die unter Peitschenhieben diesen Palast errichtet haben. Er verwandelt das Denkmal des spanischen Triumphes in ein Denkmal zur Erinnerung an die Niederwerfung der Indianer. Und dann malt er den Triumph dazu. Den Sieg des mexikanischen Volkes, den Sieg des Kommunismus, so wie Diego Rivera ihn versteht. Er malt Emiliano Zapata in weißer Hose, weißem Hemd und dessen weißes Pferd. Denn hier, in der Lieblingsstadt von Hernán Cortés, wo er den Angriff auf die Hauptstadt vorbereitet hatte, hier hat viele Jahre später der Bauernsohn und Anführer einer kleinen Armee besitzloser Landarbeiter, Emiliano Zapata, die Stadt besetzt. Das war Riveras Heldengeschichte. Das war Riveras mexikanischer Kommunismus. Seine anti-imperialistische Heldengeschichte, bezahlt von einem amerikanischen Kapitalisten.

Anna Seghers liebte dieses Riesengemälde. Sie liebte die Kunst Diego Riveras, die Fresken, mit denen er Geschichte erzählt, und die Schule der Freskenmalerei, die er damals in Mexiko begründete und die echte Volkskunst war. Aufklärung, Ermutigung, Gegengeschichte zur offiziellen Geschichtsschreibung, Heldengeschichten, Ermutigungsgeschichten.

Anna Seghers liebte dieses Gemälde und Riveras Kunst. Sie wohnte in diesen Tagen im Januar 1944 in der Casa Hidalgo, einem alten gelben Hotel direkt gegenüber dem Palast. Sie hatte die festungsartigen Mauern jeden Tag vor Augen. Und sie ging immer wieder hinein, um die Szenen zu betrachten und vor allem aber auch die Betrachter zu betrachten. Sie hat das später, als sie wieder in Deutschland lebte, genau aufgeschrieben. Den Zauber dieser Kunst und wie direkt sie auf die Menschen wirkt, wie sie in sie hineinwirkt. Wenn in Mexiko jemals ein Hitler an die Macht käme, schreibt sie, würde er wahrscheinlich keine Bücher verbrennen. Er würde zuerst die Fresken zerstören. Denn die Fresken von Rivera und seinen Kampfgenossen sind die Träger der revolutionären Wahrheit, der Gegenwahrheit, die ein Faschist an der Macht als Erstes zerstören müsste, wie in Deutschland die gefährlichen Romane. Anna Seghers hat sie gesehen, die Menschen vor der Kunst: »Man kann Jahr für Jahr, Monat für Monat, Tag für Tag zahllose Indios, Männer und Frauen und Kinder, die Männer mit ihren großen runden Strohhüten, in ihren weißen oder bunten Baumwollhemden, die Frauen Brüste und Säuglinge im ›rebozo‹, dem kunstvoll geschlungenen Tuch, in dieser Altane beobachten. Sie erklären sich: Hier seht ihr, wie Cortés mit seinen Soldaten in den Urwald eindrang; hier seht ihr, wie wir Bauern damals unter den Peitschen der spanischen Aufseher schuften mussten. Hier seht ihr, wie unsere Frauen den Mönchen Früchte und Edelsteine brachten; hier seht ihr, wie wir euch befreiten. Sie schweigen vielleicht allesamt einen Augenblick länger vor dem Bild des großen Bauernführers Zapata (er hatte einen Briefwechsel mit Lenin). Doch auf dem Bild sieht man nichts von dem Briefwechsel. Man sieht einen Bauern in weißer Baumwolle, genau wie der, der es lächelnd betrachtet. Er hält sein Pferd fest, das so weiß ist wie er selbst, mit runden Augen, die leuchtender sind als die seinen. Das Bild ist es wert, einen Augenblick länger betrachtet zu werden; es ist auch wert, dass man bei dem Anblick schweigt und nichts seiner Frau zu erklären braucht und nur lächelt. Er stellt höchstens fest, dass Zapatas Pferd seinem eigenen ähnelt, das drunten an einem Baum angebunden auf ihn wartet.«

Es ist, als sähe Anna Seghers hier den idealen Leser, den idealen Kunstbetrachter. Ihr Ideal der Kunst und wie sie direkt einwirkt auf die Menschen, die oft »die einfachen« genannt werden. Das Volk, die Armen, die Machtlosen, die Regierten. Hier, in der Kunst von Cuernavaca, sehen sie eine neue, sehen sie ihre Wirklichkeit. In herrlichen Farben. Und erkennen sich wieder. Und schöpfen Mut. Um das Pferd übrigens hatte sich Diego mit Frida heftig gestritten. Denn keineswegs – so musste seine Frau ihn belehren – war Zapata auf einem Schimmel geritten. »Entsetzt« sei sie gewesen, erzählte der Künstler später gern, als sie zum ersten Mal den falschen Schimmel sah. Zapata hatte einen Rappen, ob er das nicht wisse. Doch, doch, entgegnete ihr Mann vom Gerüst herab. Aber er müsse die Dinge eben »schön« malen. Das sei manchmal noch etwas wichtiger als die Wahrheit. Das Pferd blieb weiß. Aber auch die Beine und Hufe seien falsch, kritisierte Frida ihn. Da ließ Diego sie ihre Version der Hufe und der Beine malen und gab bei dieser Sache nach und erklärte später lächelnd: »Ich musste Zapatas Pferd nach Fridas Wünschen korrigieren.« Ein wenig also ihr gemeinsames Pferd, dessen Betrachter Anna Seghers jetzt hier betrachtet. Und sie schließt an ihre Beschreibung des Pferdes eine Art Seufzer an, der auch ihre aktuelle Situation beschreibt, ihren

Überdruss an Partei-Diskussionen über die richtige und erlaubte Kunst: »Es ist der Schlusspunkt nach all den uferlosen Diskussionen, Zeitkunst oder Reine Kunst. Es gibt die Zeit so rein, dass sie zeitlos wird. Und diese gemalte Zeit ist von Fehlern, von Ehrgeiz, von Unvermögen so unbefleckt, dass sie reine Kunst ist.«

Wie weit entfernt sind hier all die uferlosen Diskussionen des engen Kreises von Mexico City. Wie weit geht hier der Blick. Wie gut ist es, hier einfach durch die Straßen zu gehen, alle scheinen in die Berge zu führen, die an den Enden jedes Weges in den Himmel ragen. Auf dem Plaza de Armas auf einer Bank zu sitzen und den trägen Hunden zuzusehen und den spielenden Kindern. Ein Jahr zuvor war sie mit der amerikanischen Schriftstellerin und Dramatikerin Viola Brothers Shore hier gewesen, um gemeinsam aus dem Roman *Das Siebte Kreuz* eine Bühnenfassung zu machen. Peter nannte sie »eine erstaunliche Amerikanerin«, genau so, wie er sich »damals Amerikanerinnen vorstellte«, mit einem großen Lachen und einer schönen, leichtsinnigen Lebensleichtigkeit.

Seine Mutter war ihr gegenüber zunächst misstrauisch gewesen. *Das Siebte Kreuz* auf der Bühne? Konnte das gutgehen? Schon die Entwicklung des Drehbuchs zum Film hatte sie skeptisch begleitet. Die Effektverstärkungen, die Verknappungen, die nötig waren, um aus dem Buch einen Hollywood-Film zu machen. Aber, das wusste sie jetzt, es war zumindest ein erster Schritt auf dem Weg zu einem Riesenerfolg gewesen. Noch im Krankenhaus hatte sie den Filmvertrag unterzeichnet. 75 000 Dollar brachten ihr die Rechte ein. Eine Traumsumme. Zumindest von dieser Seite würde auf unabsehbare Zeit echte Sorglosigkeit um die Familie sein. Und was, wenn der Film womöglich ein echter Erfolg würde? Noch in diesem Jahr, 1944, sollte er in die amerikanischen Kinos kommen. Zur Unterhaltung und Ermutigung und politischen Belehrung des amerikanischen Publikums. Anna Seghers' Fluchtgeschichte als Weltgeschichte mit Spencer Tracy als Georg Heisler. Die Hollywood-Version des Sieges eines Einzelnen gegen die Übermacht einer Terrormaschine. Über die Macht eines Flüchtlings: »Ein entkommener Flüchtling, das ist immer etwas, das wühlt immer auf. Das ist immer ein Zweifel an ihrer Allmacht. Eine Bresche.«

Ihre kämpferische Zuversicht von Anfang an, ihr beinahe religiöser Glaube an den Sieg der Gegenkräfte schien jetzt, im Jahr 1944, kurz vor der Bestätigung durch die Wirklichkeit zu stehen. Kunst war wirksam. Literatur war wirksam. Hier in Cuernavaca, im Angesicht der Schönheit des Landes, der Fresken des Geschichts-Umwandlers Diego Rivera, glaubte Anna Seghers wieder. In ihrem Text über die mexikanischen Freskenmaler schreibt sie über das Land, die Sonne und die unendlichen Möglichkeiten der Kunst hier: »Und alles getaucht in das unvergleichliche Licht einer Sonne, die nicht nur auf Gerechte und Ungerechte scheint, wie überall, auf Ausgebeutete und Ausbeuter, sondern vor allem für die Künstler zu scheinen scheint, wenn sie, in der Tiefe tropisch, auf der Höhe hochgebirgshaft geläutert, die Farben und Formen zugleich heraustreibt. Ein zum Malen und Bildhauern anreizendes Licht, wie man es nur an wenigen Stätten der Erde findet, die große Künstler hervorgebracht hat.«

Ein phantastisches, ein einmaliges Licht auch zum Schreiben. Zum Schauen. Gerade auch hier in Cuernavaca, wenn sie oben von dem Balkon ihres alten gelben Hotels auf den Palast schaut und in die Berge. Wenn sie durch die Straßen geht, den Menschen zuschaut und den Hunden, den entstehenden Film im Kopf, die Erzählung aus Mainz. Die Stadt auf dem Mond. So fern und tief versunken im Damals-Reich. Und doch – war sie nicht doch auf wundersame Weise verwandt, die Heimatstadt mit dem Städtchen hier, am anderen Ende der Welt? Erscheint ihr nicht, wenn sie jetzt im *Siebten Kreuz* noch einmal liest, ihr Mainz als ein früher Vorschein ihrer Fluchtstätte hier und heute?

»Doch diese Hügelkette war lange der Rand der Welt – jenseits begann die Wildnis, das unbekannte Land«, hatte sie damals über die Weite der Heimat geschrieben. »Diese Hügel entlang zogen die Römer den Limes. So viele Geschlechter waren verblutet, seitdem sie die Sonnenaltäre der Kelten hier auf den Hügeln verbrannt hatten, so viele Kämpfe durchkämpft, dass sie jetzt glauben konnten, die besitzbare Welt sei endgültig umzäunt und gerodet. Aber nicht den Adler und nicht das Kreuz hat die Stadt dort unten im Wappen behalten, sondern das keltische Sonnenrad, die Sonne, die Marnets Äpfel reift.«

Jetzt geht sie durch die Sonne von Cuernavaca. Im Cortés-Palast sind steinerne Wappen ausgestellt, aus uralter Zeit, die wie Sonnen aussehen. Schwere Sonnenräder der Azteken, abgeschliffen von den Jahrhunderten, aus hellem, porösem Stein.

Ein paar Straßen weiter steht ein ganz anderer Palast. Durch einen hellblauen Torbogen tritt man ein und ist in einem alten Zauberreich. Zunächst öffnet sich ein kleiner, von Säulengängen umstellter Garten mit rotleuchtenden Weihnachtssternen und einem kleinen Brunnen in der Mitte. Dann geht man einen weiteren hellblauen Torbogen entlang, ein kleines Rasenstück, ein altes, verrostetes Eisentor steht offen, und dann stehen wir in einem wilden, grünen, halbverfallenen, üppig wuchernden Gartenreich mit Palmen, Kakteen, Blumen über Blumen, langen, von kleinen Mauern begrenzten Wegen mit abblätterndem Putz, Brunnen stehen dort, mit Wasser gefüllt, aber mit schlafenden Fontänen, ein großes, steinernes Bassin mit grünem, fauligem Wasser, von einer leeren Tribüne umgrenzt. Kleine Tempel, Mauern des den Garten umstehenden Palastes. Eiserne Stühle stehen umher, auf denen niemand sitzt. Verfall und wildes Wachstum, eine unzähmbare, frische Natur umstellt von alten Mauern aus anderer Zeit, die langsam verfallen, langsam von der Natur zurückerobert werden.

Der Jardín Borda.

Im achtzehnten Jahrhundert für den aus Spanien stammenden Unternehmer José de la Borda gebaut, war er hundert Jahre später Sommerresidenz des Kaisers von Mexiko, des unglücklichen Maximilian von Österreich, der sich von seiner Mutter und von Napoleon überreden ließ, hier sein Kaiserreich zu errichten und zu regieren. Die Mexikaner würden ihn lieben und mit Freuden, Stolz und großen Ehrbezeugungen empfangen, versicherte man ihm. Nun, niemand hier empfing ihn, niemand hier war stolz, von einem Österreicher, der sich Kaiser nannte, regiert zu werden. Es wurde eine traurige, eine deprimierende Regentschaft. Nach nur drei Jahren wurde er von der legitimen Gegenregierung des Präsidenten Benito Juárez gefangen genommen, zum Tode verurteilt und erschossen. Édouard Manet hat die Erschießung gemalt. Seine Leiche wurde in die Kapuzinergruft in Wien überführt. Er gab den Soldaten, die zu seiner Erschießung abgeordnet waren, noch einige Goldmünzen. Damit sie sein Gesicht verschonten. Seine Mutter sollte ihn noch erkennen können, wenn sein Körper in Wien bestattet würde. Ein trauriger Kaiser. Ein letzter Versuch Europas, dies ferne Land zu unterwerfen. Maximilians Witwe Charlotte verfiel nach seinem Tod dem Wahnsinn und lebte noch sechzig Jahre auf Schloss Miramare bei Triest und auf Schloss Bouchon in Belgien.

Der Garten in Cuernavaca wirkt wie ein alter, unwirklicher Kaisergarten im Licht. Wie einst gepflanzt für einen Kaiser ohne Kaiserreich. Ein ungewollter, einsamer Regent mit winziger Armee und ohne Macht. Ein letzter Abgesandter einer untergehenden Macht. Egon Erwin Kisch, selbst ein Sohn des alten österreichischen Kaiserreichs, hat über ihn hier in Mexiko geschrieben. Über die Melancholie der Machtlosigkeit fern der Heimat. Einen alten Mann trifft er, der vor mehr als siebzig Jahren den Kaiser von Mexiko erlebt hat. Da »kam Maximilian allabendlich um acht Uhr ganz allein auf die heutige Plaza de la Independencia. ›Wir Kinder schlichen hinter ihm her, war er doch der Emperador und trug einen langen goldenen Bart, wie es ihn bei uns zu Lande nicht gibt. Unruhig ging er die Plaza ab und im Kreis um das Beet. Seine Hände hielt er auf dem Rücken verschränkt, und die Finger bewegten sich ununterbrochen, was uns Kindern hinter ihm teils komisch, teils aufregend vorkam.‹« So hat es Kisch gehört. Und ein wenig ist es, als spräche aus ihm, dem alten Kommunisten, in diesen späten Tagen in Mexiko sein alter Freund, der treue österreichische Monarchist Joseph Roth, den Kisch für seine Kaiserliebe so oft verspottet hatte, wenn sich Kisch jetzt in den Emperador in seinem alten Garten in Mexiko hineinversetzt und ihn seufzen lässt: »Der Ehrgeiz meiner Mutter, ihre Söhne auf Thronen zu sehen! Bei meinem Bruder Franz Joseph war es ihr wohl geglückt, aber Heimat ist nicht Fremde,

Österreich nicht Mexiko, mein geistesschwacher Onkel Ferdinand nicht Benito Juárez.«

Heimat ist nicht Fremde. Anna Seghers hatte einen weniger verklärenden Blick auf den traurigen Herrscher aus Europa, den kurzzeitigen Bewohner des Traumgartens von Cuernavaca. Sie hat ihn ein paar Jahre später erst beschrieben, so wie sie ihn in einem anderen Bild von Diego Rivera gesehen hatte, der *Sonntagsträumerei im Alameda-Park*, seinem wohl berühmtesten Bild, das er für ein Luxushotel in Mexico City gemalt hatte, ein volksfestartiger Umzug mexikanischer Geschichtsträgerinnen und Geschichtsträger. Mit einem verloren wirkenden, weißhaarigen Kaiser Maximilian. Über diesen schreibt Seghers: »Da guckt der gekrönte Kopf Maximilians traurig und platt aus dem Gedränge heraus, und größer und ernster als alle überragt Juárez diese Menge; Juárez, der Indio, der die soziale und nationale Befreiung in einem vollzog; er ließ den Kaiser Maximilian, der seinem Volk von Napoleon III. mithilfe der ausländischen Mächte aufoktroyiert worden war, in Querétaro erschießen. Er machte Schluss mit der Landgier und mit der Korruption der in- und ausländischen Agenten und Grundbesitzer. Die Indios bekamen endlich Land.« Nein, kein Mitleid, keine Verklärung des europäischen Herrschers, durch dessen Garten sie hier wandelte. Ihr Held war der einheimische Gegenkaiser, der erste Indio an der Spitze eines Staates, der Sozialist aus dem Volk, Kaisermörder, Volksheld: Benito Juárez, der gute Herrscher von Mexiko.

Jetzt hier in diesen Tagen von Cuernavaca, in denen sie Ruhe suchte und fand, in denen sie den weiten Blick suchte und fand, in denen sie Abstand zur Welt suchte und fand – beschäftigt Anna Seghers noch eine andere Sache. *Transit* muss endlich fertig werden. Eigentlich ist er schon eine ganze Weile fertig, aber das Ende macht ihr zu schaffen. Wie soll die Geschichte der Fliehenden, der Verzweifelten enden? Es ist ja ein Roman ohne festen Halt, eine Geschichte von Gespenstern auf der Flucht, in einem Zwischenreich zwischen Traum und Wirklichkeit, Leben und Tod. Es ist ja ein Roman, der so gar keine Partei-Hoffnung kennt. Sie selbst hatte ihn auf dem Schiff nach Martinique in einer Art Schwebezustand ihres Lebens begonnen. »Mir wurde bang wie im Schlaf, wenn ein Traum sich der Wirklichkeit ähnlich gebärdet und gleichwohl etwas Unfassbares, etwas Unmerkliches einen belehrt, dass das, was glücklich macht oder traurig, niemals die Wirklichkeit sein kann«, hatte sie unterwegs geschrieben. Ein Fliehen ohne Ziel und scheinbar ohne Hoffnung in der Welt, die wir kennen. Keine Reise ins Herz der Partei, keine Reise nach Moskau. »Damals hatten alle nur einen einzigen Wunsch: abfahren. Alle hatten nur eine einzige Furcht: zurückbleiben. Fort, nur fort aus diesem zusammengebrochenen Land, fort aus diesem zusammengebrochenen Leben, fort von diesem Stern!« Der Fliehende war jetzt keine Bresche mehr, kein »Zweifel an ihrer Allmacht«. Der Fliehende war jetzt ein Geist in einem Zwischenreich.

Wie würde sie diesen Roman gegenüber den Genossen rechtfertigen können? Wie würde sie ihn in den Diskussionen, die auf eine Veröffentlichung zwangsweise folgen würden, verteidigen können? Ein Roman ohne Hoffnung? Jetzt? Anna Seghers schreibt in diesen Tagen die letzten zwei Seiten neu. Das ursprüngliche Ende ging verloren, hat sie vernichtet, niemand weiß es. Seiten im Wind. Den gespensterhaften, in Marie verliebten, tranceleichten, suchenden Ich-Erzähler lässt sie nun kurz vor Schluss unvermittelt zu einem Kämpfer werden. Es liest sich wie ein Ruf der Autorin an sich selbst: »Ich will jetzt Gutes und Böses hier mit meinen Leuten teilen, Zuflucht und Verfolgung. Ich werde, sobald es zum Widerstand kommt, mit Marcel eine Knarre nehmen. Selbst wenn man mich dann zusammenknallt, kommt es mir vor, man könne mich nicht restlos zum Sterben bringen. Es kommt mir vor, ich kennte das Land zu gut, seine Arbeit und seine Menschen, seine Berge und seine Pfirsiche und seine Trauben. Wenn man auf einem vertrauten Boden verblutet, wächst etwas dort von einem weiter wie von den Sträuchern und Bäumen, die man zu roden versucht.« Plötzlich träumt das schwebende, das suchende, das liebende Ich vom Heldentod. Plötzlich ein Held. Warum? Anna Seghers kann das unmöglich selbst plausibel gefunden haben. Aber so trug dieser so freie Roman aus dem Zwischenreich der Verzweiflung immerhin eine Kämpferpassage in sich, auf die man in Bedrängnis verweisen konnte. Die man als Schutzschild vor ein schutzloses Buch halten konnte. Ob das im Rahmen des Romans plausibel war, war da kurz nicht ganz so wichtig.

Von einem ganz anderen Kampf hatte Anna Seghers wenige Seiten zuvor berichtet. Vom Kampf der Schriftsteller auf verlorenem Posten. Beharrlich, gegen jede Befürchtung von Vergeblichkeit ihres Tuns ankämpfend. Wie Weidel, der Selbstmörder, von dem seine Frau Marie nicht glauben will, dass er nicht mehr lebt. Worum hatte der gekämpft? »Um jeden Satz, um jedes Wort seiner Muttersprache, damit seine kleinen, manchmal ein wenig verrückten Geschichten so fein wurden und so einfach, dass jedes sich an ihnen freuen konnte, ein Kind und ein ausgewachsener Mann. Heißt das nicht auch, etwas für sein Volk tun? Auch wenn er zeitweilig, von den Seinen getrennt, in diesem Kampf unterliegt, seine Schuld ist das nicht. Er zieht sich zurück mit seinen Geschichten, die warten können wie er, zehn Jahre, hundert Jahre.«

Es ist Anna Seghers' Kampf, den sie hier beschrieben hat. Ihr Ringen und ihre Selbstbeschwörung, Selbstbestätigung der Wichtigkeit des eigenen Tuns, hier am Ende der Welt, so weitab vom Krieg, vom Elend, von den Konzentrationslagern, von der Mutter.

Und das Ende, das sie hier in der Sonne von Cuernavaca schrieb, trug wieder die ganze Leichtigkeit und Traurigkeit und die beharrliche Suchbewegung des Lebens, so wie Marie sie verkörpert. Marie, auf der Suche nach ihrem Toten. Dem Dichter, der aufgegeben hat, damals in Paris. Der den Kampf verloren gab. Sie hört nicht auf zu suchen, gegen alle Vergeblichkeit: »Sie läuft noch immer die Straßen der Stadt ab, die Plätze und Treppen, Hotels und Cafés und Konsulate auf der Suche nach ihrem Liebsten. Sie sucht rastlos nicht nur in dieser Stadt, sondern in allen Städten Europas, die ich kenne, selbst in den phantastischsten Städten fremder Erdteile, die mir unbekannt geblieben sind. Ich werde eher des Wartens müde als sie des Suchens nach dem unauffindbaren Toten.«

In einer dieser phantastischen Städte fremder Erdteile lebt sie nun selbst. Auf einem fremden Planeten. Und so verbindet sie das Ende von *Transit* mit dem Anfang des *Ausflugs der toten Mädchen*, als der Mexikaner die Erzählerin angesehen hatte, nachdem sie »Aus Europa« gesagt hatte, als käme sie vom Mond, und sie weiter betrachtete, »als suche er Spuren meiner phantastischen Herkunft«.

Hier, in diesem paradiesisch schönen Ort, hatte vor einigen Jahren ein Engländer gelebt, mit dunklen Locken, stets betrunken, stets schreibend. Er schrieb seinen Lebensroman, eine Beichte, eine Trinkergeschichte, eine Feier des Lebens und der Liebe, Feier des Lichts. Am Rande des Abgrunds. Der Roman ist einer der berühmtesten englischen Romane des zwanzigsten Jahrhunderts. Der Titel: *Unter dem Vulkan*, der Autor: Malcolm Lowry.

»Erstaunlich, wie die Landschaft sich ununterbrochen veränderte! Jetzt waren die Felder steinig, und dort ragte eine Reihe toter Bäume. Ein verlassener Pflug stand als Silhouette vor dem Himmel, die Arme in stummer Fürbitte zum Himmel gereckt; ein anderer Planet, dachte er wieder, ein fremder Planet.«

1939 hatte Lowry einen ersten Entwurf des Romans geschrieben, hatte ihn in den folgenden Jahren um- und umgearbeitet. Er war irgendwann nach Kanada gezogen, in eine Hüte mit seiner Frau, aber er reiste immer umher, kam auch immer wieder nach Cuernavaca zurück. Er lebte dann in einem Turm, nicht weit von der Plaza de Armas entfernt, wo Anna Seghers 1944 wohnt. Ein Schreibturm mit Blick über das Land, die Berge, die Vulkane. Sein Buch ist die Geschichte eines Tages, des 2. November 1938, Allerheiligen, Tag der Toten in Mexiko. Es ist die Geschichte des ehemaligen britischen Konsuls Geoffrey Finn, der hier, im alten Garten des Kaiser Maximilian, einen alten Schulfreund wiedertrifft. Sich erinnert, an den Jungen, der er mal war. Eine Art »Ausflug der toten Jungen«. »Wie lebhaft standen ihm jetzt wieder jene Ferien an der englischen Küste vor Augen!«, schrieb Lowry. Ein Traum zurück in die Kindheit. Trancehafter Bericht in hellster Klarheit. In seinem eigenen Sturz erkennt er den Sturz der Menschheit: »Sein

Thema ist auch der Sturz des Menschen, seine Gewissensqual, sein unaufhörlicher Kampf für das Licht unter dem Gewicht des Vergangenen, sein Verhängnis.«

Es ist, als wäre dieser Konsul zu durchlässig. Als dringe das Weltgeschehen ungefiltert in ihn ein. Die Schönheit und die Schwermut dieses Ortes, die Abgründe überall. Cuernavaca heißt im Roman Quauhnahuac, der frühe Name Cuernavacas: »In dieser Beziehung war Quauhnahuac wie die Zeiten: Wohin man sich auch wandte, überall lauerte der Abgrund.« Der Konsul träumt von einem Getränk, das nur aus Helligkeit besteht, aus Klarheit und aus Licht. Jede Seite ist erleuchtet: »Jede Woche, die Gott werden lässt, passiert irgendwas mit dem Licht.« An diesem Totentag, den Lowry hier beschreibt, könnte sein ganzes Leben noch einmal eine Wendung zum Guten nehmen. Seine geschiedene Frau ist zu ihm zurückgekommen, Yvonne. Sein Halbbruder Hugh. Beide zu seiner Rettung wild entschlossen. Aber es ist etwas in der Welt, etwas in dieser alten, schönen Stadt, das ihn fesselt: »Und von diesen Bergen ging eine seltsam schwermütige Kraft aus, die ihn körperlich hier festzuhalten versuchte; es war das Gewicht, das Gewicht so vieler Dinge, vor allem aber das der Trauer.«

Ein Mann trinkt sich aus dem Leben. Er hat das ideale Land dafür gefunden: »Aber sterben möchte ich lieber in Mexiko«, lässt Lowry seinen Trinker sagen. Am Ende sind es dann nicht die Getränke aus Licht und Helligkeit, die ihn das Leben kosten. Sondern eine ganz reale paramilitärische, mexikanische Nazi-Truppe, die ihn für einen Juden hält. »›Mein Gott‹, bemerkte er verdutzt, ›was für eine schäbige Art zu sterben‹«, denkt er noch. Die Glocke der Kathedrale schlägt, es regnet in Cuernavaca. »Er fühlte sein Leben entgleiten wie ein Stück glitschige Leber und im zärtlich weichen Gras versickern. Er war allein. Wo waren sie alle?«

Das Finale dann ist ungeheuer. Eine letzte Vision des Sterbenden. Der Konsul wird von starken Händen emporgetragen, es ist der großartigste Aufstieg seines Lebens, es geht hinauf, im Tode, im Traum, hinauf auf den Vulkan, der plötzlich zerfällt, der Konsul stürzt in den Krater oder was ist das? »Das war ein Ausbruch, doch nein, das war nicht der Vulkan, die Welt selbst zerbarst, zerbarst in schwarze Lavaspritzer von Dörfern, die in den Weltraum geschleudert wurden, während er selbst durch alles hindurchfiel, durch die unbegreifliche Hölle von einer Million Panzern, durch das Flammenmeer von zehn Millionen brennenden Leibern, in einen Wald fiel und fiel –

Plötzlich schrie er auf, und es war, als würde sein Schrei von Baum zu Baum geworfen, als er widerhallte, dann, als rückten die Bäume selbst immer näher, immer dichter um ihn zusammen, um sich mitleidsvoll über ihm zu schließen …«

Geschrieben hier in Cuernavaca, mit Blick auf die Vulkane in der Ferne. Von seinem weißen Turm, der immer noch hier steht. Und mit dem Blick ins Innere, ins

Innere der Gläser mit den Getränken aus Licht und dem Blick tief hinab ins eigene Ich. Dafür saß Lowry meist in der alten Bodega La Estrella, hinter rosabraunen Mauern. Vom Morgen bis tief in die Nacht. Einer jener verlorenen Engländer, die überall in der Welt in einem Zufallsort bleiben und versinken. Trinken und ins Helle schauen. Auch darüber, über den paradiesischen Rausch, hat er, der lockige Engländer Lowry, hier geschrieben, im La Estrella, »denn selbst die zu meinem Empfang weit geöffneten Himmelspforten können mich nicht mit so himmlischer, komplizierter, hoffnungsloser Freude erfüllen wie das scheppernde Hochrollen der eisernen Rolladen, wie die klapperige Jalousietür, die, endlich entriegelt, diejenigen einlässt, deren Seelen mit dem Glase zittern, das sie mit zitternder Hand zum Munde führen.«

Sich langsam ins Licht trinken. In eine neue Schönheit und Sicherheit. So hat es Malcolm Lowry hier in Cuernavaca beschrieben.

In dieser Stadt, in der Anna Seghers nach ihrem Unfall Ruhe suchte und Abstand zu den Parteifreunden in der Hauptstadt. Einer von ihnen war aber auch hier. Ausgerechnet Bodo, wird Anna Seghers gedacht haben, Bodo Uhse, der Grübler, der Schwankende, der Zweifler, der vielleicht mehr als alle anderen der Gruppe darauf bedacht war, seine Zweifel nicht offenbar zu machen. Denn er hatte harte Prüfungen der Partei über sich ergehen lassen müssen, als er Anfang der dreißiger

Jahre der KPD beigetreten war. Die Partei hatte gute Gründe, ihn zu prüfen. Er kam aus der NSDAP, ein ganz frühes Parteimitglied, war erster Chefredakteur des *Völkischen Beobachters* gewesen, galt als »einer der radikalsten und begabtesten Journalisten« in den Reihen der NSDAP. Doch er betonte in seinen Artikeln wohl das sozialistische Element aus dem Parteiprogramm der NSDAP nach Meinung Adolf Hitlers und Alfred Rosenbergs viel zu stark. 1930 flog er aus der Partei. Und suchte Anschluss an die Kommunisten. So ein Überläufer war für die kommunistische Parteipropaganda natürlich ein Geschenk. Man nahm ihn gerne auf, misstraute ihm aber umso mehr. Er selbst tat alles, um als linientreu zu gelten. Hier in Mexiko hatte man ihm die Leitung des Literatur-Ressorts der Kulturzeitschrift *Freies Deutschland* übertragen, er schrieb zahlreiche Buchkritiken, auch über internationale Neuerscheinungen. Sein Ideal waren die Bücher des unsichtbaren kommunistischen, deutschen Abenteuerschriftstellers B. Traven. Der zu Zeiten der Münchner Räterepublik die revolutionäre Zeitschrift *Der Ziegelbrenner* herausgegeben und allein vollgeschrieben hatte. Schon damals als Mann ohne Gesicht, den niemand sehen, von dem niemand etwas kennen sollte, außer seinen Texten. Jetzt lebte er als Gerücht in Mexiko, erst viele, viele Jahre später wird man Gewissheit über seinen Lebenslauf und seine Identität erhalten. Die kommunistischen Emigranten hatten natürlich wohl alle gehofft, ihn hier zu treffen. Von ihm über das Land, die Eigenheiten, die Gefahren und Schönheiten zu hören. Doch Traven fürchtete um seine Anonymität und seine Ruhe. Er floh immer weiter in die Einsamkeit. Keiner der deutschen Flüchtlinge kam ihm auf die Spur.

Und diesen Mann ohne Gesicht und ohne Lebensgeschichte nahm sich also Bodo Uhse zum Vorbild. Ein Gespenst in Mexiko. Bodo Uhse beklagte sich oft, dass die Größen der Partei und der Literatur ihn nicht ernst nahmen, dass sie in ihm ein Windbürschchen sahen, dem man nie ganz vertrauen, auf den man nicht bauen konnte. Aber eher, weil er so weich und biegsam und leise war, nicht etwa, weil man ihm einen Verrat zutraute. Gerade im letzten Jahr, 1943, hatte er seinen neuen Roman *Leutnant Bertram* abgeschlossen. Seit 1935 hatte er daran gesessen, es war eine Geschichte aus dem Spanischen Bürgerkrieg, eine Geschichte deutscher Zerrissenheit und auch seiner eigenen. Der Kommunist Sommerwand und Bertram, Flieger von Hitlers »Legion Condor«, stehen sich am Ende gegenüber. Sommerwand erklärt dem Flieger: »»Hören Sie einmal, Bertram, als Kind, als Ihr Bewusstsein erwachte, haben Sie gefragt: Warum? Später hat man Sie in eine harte Schule geschickt, und dort hat man Ihnen diese Frage abgewöhnt. Mit uns ist es anders. Wir haben diese Kinderfragen nie verlernt. Wir fragen heute noch zu jeder Stunde: Warum? Wir fragen uns und andere. Und wir geben keine Ruhe, bis wir Antwort darauf finden.‹«

Bodo Uhse wollte mit diesem Drama das Drama seines Lebens öffentlich machen, den Weg vom Nazi zum Kommunisten, den Weg ins Gute, Helle. Zu denen, die stets nach dem »Warum« fragen, bevor sie handeln. Bodo Uhse wusste natürlich selbst nur zu genau, dass er da seine neue politische Heimat verklärte. Vor der Veröffentlichung war er verzweifelt, trug sich mit Selbstmordgedanken. Er hatte einfach Angst, wie das Buch von den Parteigenossen, von der Partei aufgenommen würde. War es positiv genug? War seine Läuterung, sein Wandel überzeugend genug dargestellt? Man kennt als Autor nie sein Werk ganz genau. Man weiß nie genau, wie das Geschriebene auf die Welt dort draußen wirken wird. Aber in seinem Fall war es ja noch viel komplizierter. Sein Leben, sein Wechsel der Seiten stand zur Disposition, vor einer nie ganz greifbaren, unsichtbaren Prüfungskommission: der Partei.

Und als wenn das noch nicht genug Ungewissheit für dieses Zauderleben gewesen wäre, war Bodo Uhse jetzt auch noch in einen Liebestaumel geraten. Er war immer schon besonders abhängig gewesen von der Liebe, Zuneigung, Ermutigung durch Frauen. Hatte dabei manches Unglück erlebt. Und hatte sich auf einer früheren Reise durch die Vereinigten Staaten in die schöne jüdische Amerikanerin Alma Agee verliebt. Doch die war verheiratet, hatte einen Sohn, die ganze Sache schien aussichtslos. Also stürzte er sich in Mexiko in eine Affäre mit der berühmten Tänzerin Waldeen von Falkenstein, sie leitete das »Ballett der Schönen Künste« in Mexico

City, die Männer liebten sie und ihre Kunst. Pablo Neruda, dessen Gedichte sie ins Englische übertrug, sagte, in ihrer Fassung seien seine Gedichte schöner, als sie vorher je waren. Und diese herrliche Waldeen mit den langen dunklen Locken war nun Bodo Uhses Geliebte, die Geliebte des mageren Bodo mit dem traurigen Blick. Was für eine gute Geschichte. Doch leider kam Alma Agee samt Sohn über die Grenze. Sie hatte sich für Bodo scheiden lassen. Echte Liebe. Glück und Pech für Bodo Uhse. Aber was sollte er machen. Er heiratete die frisch Geschiedene und zog mit ihr und Sohn nach Cuernavaca. In ein Haus mit Pool, für zehn Dollar Miete im Monat. Oh, was es da wieder für Gerede gab. Woher das Geld? Warum der Luxus? Steht ihm das zu? Was wird aus Waldeen? Und über allem die Hauptfrage: Wie kommunistisch und linientreu ist dieser Mann, der von so weit rechts herübergekommen ist? In *Bertram* schrieb er: »Es bleibt eine Last, ein Deutscher zu sein. Große Träume und böse Wirklichkeiten, das ist Deutschland.«

Eine Last, von der er sich aber so gut wie möglich hier zu befreien versuchte. Was für ein schönes Haus bewohnte er. Die amerikanische Nachbarin verlieh Pferde, auf Bildern sehen wir seine Frau mit einem Papagei auf der Hand und einmal Bodo Uhse, stets mit Zigarette in der Hand, und Almas Sohn mit Riesensombrero auf den Knien. Er liebte, wie alle Emigranten hier, die Kunst Diego Riveras ganz besonders. Das Licht, die innere Freiheit, der Glaube an das Volk. Ihn selbst, Rivera, hat er in einer späteren Erzählung – erschüttert, überwältigt, staunend – so beschrieben: »Was für ein Wesen war dieser Mensch! Ungeschlacht und missgeformt, die traurig-weisen Unkenaugen vorquellend aus dem schwammigen Gesicht mit der sinnlich breiten Nase und dem trüben Satyrmund; abstoßend und zugleich faszinierend in seiner monströsen Hässlichkeit und in ihr nicht unähnlich dem Tlaloc, dem Regen- und Lebensgott seiner indianischen Vorfahren. Deren Blut in seinen Adern war das einzige Vermächtnis der bigotten Mutter, auf das er stolz geblieben.«

Überwältigt war er gewesen von der Gestalt und der Präsenz des Mannes. Vor allem aber immer wieder – von dieser Kunst. Wie er sie hier im Cortés-Palast täglich besichtigen konnte und auf den Straßen von Mexiko.

»Er machte Schluss mit der Atelierkunst, er riss die Malerei aus den diskreten Winkeln vornehmer Salons, entwand sie den Krallen habiler Kunsthändler. Er zerrte sie aus dem kalten Licht gläserner Ausstellungshallen in die grelle Sonne, führte sie hinaus auf die Straße.«

In ihrer Liebe zu diesem großen Mann und seiner großen Kunst waren sich Anna Seghers und Bodo Uhse einig. Trotzdem geht sie in diesen Tagen in Cuernavaca nicht bei ihm und seiner kleinen Familie in deren Haus am Pool vorbei. Sie wollte schreiben, denken, schauen, ihr altes Leben wiederfinden. »Nicht ganz durchgelebt« wird sie Jahre später ihren Zustand nach dem Unfall beschreiben. Es war wie eine Wand zwischen einst und jetzt, wie eine Wand zwischen Leben und Leben, ein letzter Zweifel an der Echtheit des Ganzen. Ein Wissen um die sekundenschnelle Zerbrechlichkeit von dem allen. Außerdem will sie jetzt auch einen neuen großen Roman beginnen. Ein wenig wie das *Siebte Kreuz*, nur aus der Epoche davor. *Die Toten bleiben jung* soll er heißen. Der Titel schließt direkt an den *Ausflug der toten Mädchen* an und an die Begegnung dort mit der jungen Mutter mit dem dunklen Haar auf dem Balkon, zu dem die Tochter nicht emporsteigen kann. Der erste Satz des neuen Romans ist wie ein Ende: »»Macht Schluss!« Erwin verstand die Worte, obwohl sie der Hauptmann nur knurrte. Er begriff, dass sein Ende bevorstand.«

In diesen Tagen des Jahres 1944 lebt in Cuernavaca auch die schöne Hilde. Hilde Krüger. Sie ist Schauspielerin aus Deutschland, ihre erste Rolle spielte sie 1935 in dem Film *Nur nicht weichwerden, Susanne!* Propagandaminister Joseph Goebbels war begeistert gewesen von ihr und protegierte sie und machte sie, wie viele meinten, zu seiner Geliebten. Doch Hilde verließ Deutschland mit Beginn des Krieges, ging nach Hollywood, um dort eine Weltkarriere zu beginnen. Das klappte zwar nicht, aber sie fand phantastische und reiche Männer, J. Paul Getty wurde ihr Verehrer, sie residierte im Hotel Beverly Wilshire, dann wechselte sie über zum Budweiser-Erben Gert von Gontard, lebte mal in St. Louis bei seinen Brauereien, mal weiter in Hollywood und wartete auf Rollen.

Auf der Leinwand fanden sich erstmal keine. Dafür eine geheimnisvolle, politische, wichtige im Leben. 1940 wurde sie vom deutschen Geheimdienst angeworben, mit dem Auftrag, nach Mexiko zu gehen, Kontakte in die höchsten Kreise zu knüpfen, gute Kontakte, enge Kontakte – und für Deutschland in Mexiko Politik zu machen. Und Hilde Krüger ging und Hilde Krüger machte Politik und wurde Nazi-Deutschlands wirkungsvollste Waffe in Mexiko. Am 9. Februar 1941 hatte sie im Fond eines großen Wagens die Grenze nach Mexiko passiert. Ihre Papiere wiesen die stolze Blonde als Amerikanerin aus, ein Empfehlungsschreiben hatte sie auch, von Jean Paul Getty, dem reichsten Mann Amerikas.

Es war, als hätte Mexiko nur auf die blonde, charmante, anpassungsfreudige Hilde gewartet. Ihr gelingt alles und sofort. Zunächst knüpft sie enge Bande zum Staatssekretär im Finanzministerium, dann wechselt sie über zum Innenminister Miguel Alemán. Er mietet für sie ein Apartment in bester Lage und besucht sie Nacht für Nacht. Der amerikanische Geheimdienst protokolliert mit, gewöhnlich komme er um elf Uhr abends und verlasse die Wohnung wieder um vier Uhr früh. Zugleich wird sie mit dem mächtigen General Juán Almazán gesehen und mit dem Außenminister Ezekiel Padilla. Die Regierung Mexikos, in der Hand der blonden Hilde Krüger. Der Innenminister stellt hunderte Visa aus, mit denen 300 deutsche Spione ins Land einreisen. Da die Regierung ein paar Jahre zuvor die gesamte Öl- und Rohstoffindustrie des Landes verstaatlicht hat, ist es auch ein Leichtes, hunderte Tonnen Petroleum, Quecksilber, Rohöl von Veracruz in Richtung Deutschland ausführen zu lassen. Die meisten am Schmuggel Beteiligten sind Bekannte und Geliebte Hilde Krügers.

Doch dann kam Pearl Harbor und die USA griffen ein. Deutsche Agenten wurden enttarnt, Hilde kam in Haft. Aber sie war die alte Hilde geblieben, der Innenminister sorgte für ihre Freilassung, und sie fühlte sich nun doppelt frei. Wählte statt des Ministers den Playboy Nacho de la Torre, den schönen Enkel des ehemaligen Präsidenten Porfirio Díaz. Und lebte nun in dessen prachtvoller Villa in Cuernavaca. Spielte in mexikanischen Filmen mit, studierte Geschichte und liebte das Land und die Stadt. Vielleicht sind sie sich begegnet, in diesen Tagen in Cuernavaca, die grauhaarige Dichterin und die Spionin mit den blonden Locken und vielleicht auch der Mann mit den traurigen Augen und Selbstmordgedanken am Pool und der Trinker mit den Locken aus dem weißen Turm mit Blick auf den Vulkan.

Auf alle Fälle war es keine Paranoia, die die deutschen Emigranten überall Verrat, Beobachtung und Feinde vermuten ließ. Sie wurden beobachtet, verfolgt, beobachteten sich untereinander, verfassten Berichte, schrieben Briefe nach Moskau, belauerten sich und hatten

Angst. Umgeben von Gespenstern, beobachtet von Feinden und Menschen, die man für Freunde hielt. Umstellt von Ahnungen und Ängsten. Der amerikanische Geheimdienst FBI hat in diesen Jahren mehr als 1000 Seiten über die Kommunistin Anna Seghers verfasst. Sie haben Briefe abgefangen und geöffnet, haben nach Botschaften mit Geheimtinte geschrieben gesucht, sie haben die amerikanische Ausgabe vom *Siebten Kreuz* akribisch nach Spuren durchforstet, ob in diesem Buch ein Code verborgen sei, mit dessen Hilfe man ihre verschlüsselten Botschaften entschlüsseln könnte. Sie haben Menschen beobachten lassen, nur weil man in ihrem Bücherregal eine Ausgabe des *Siebten Kreuzes* fand. Ein entfesselter Geheimdienst erklärte ausgerechnet jenen Befreiungsroman zum Verdachtsfall, der gleichzeitig den US-Marines zur Stärkung der moralischen Kampfkraft in den Krieg mitgegeben wurde. Anna Seghers war ständig im Visier. Spione erschlichen sich unter falschen Vorgaben Zutritt in ihre Wohnung in Mexico City und berichteten dann ihren Arbeitgebern, die Frau sei sehr misstrauisch und außerdem habe sie kaum Bücher in ihrer Wohnung. Erster Eindruck der Verdächtigen: »Haar: sehr grau, früher schwarz. Größe: ungefähr fünf Fuß, vier Zoll. Gewicht: ungefähr 120 Pfund. Besonderheiten: extrem nervös und misstrauisch.«

Blenden wir uns kurz ein in den Kriminalfall: Seghers in Mexiko aus der Sicht eines FBI-Spitzels:

»Es wurde festgestellt, dass Anna Seghers nicht gern von Leuten in ihrer Wohnung besucht wird, deren politischen Hintergrund sie nicht kennt. Als sie unter einem Vorwand interviewt wurde, wurde beobachtet, wie es dreimal klingelte (...). Bei jedem Klingeln sprang das Subjekt eilig auf und ging in den Wohnungsflur, als wolle sie einen Besucher abfangen, bevor er in die Wohnung kommt. Ihre Bemühungen waren so auffällig, dass selbst {ausgeschwärzt} bemerkte, dass sie offenbar jemanden erwarte. Es war offensichtlich, dass sie verhindern wollte, dass der erwartete Besucher in die Wohnung kam, solange der Schreiber (dieses Berichts) noch da war.«

Gleich zwei Ängste der Anna Seghers sind in diesem kurzen Ausschnitt und in seiner Formulierung »sprang das Subjekt eilig auf« vereint: die Angst vor dem Besucher als möglichem Agenten. Und die Angst vor einem weiteren Besucher, der ihren ersten Besuch für einen Agenten halten könnte, mit dem sie, Seghers, heimlich auf vertrautem Fuß zu stehen scheint. Möglichkeiten, Ängste, Verdächtigungen von allen Seiten. Jeder beobachtet jeden. Und alle sind verdächtig. Auch ihren Autounfall hielt das FBI keineswegs einfach für einen Autounfall. In den Akten schwanken die Spitzel zwischen Selbstmordversuch oder Attentat durch »Nazi thugs«. Einfach nur ein Unfall – das schien in diesem Umfeld des Kampfes jeder gegen jeden keine wahrscheinliche Option.

Auch ihre Briefe aus Cuernavaca, Anfang des Jahres 1944 hat das FBI alle abgefangen, geöffnet, übersetzt, interpretiert und zu den Akten gelegt. Ihre Nachricht an den amerikanischen Verlag Little Brown, dass das neue Ende von *Transit* »absolut notwendig« sei, obwohl sie wisse, wie viel neue Arbeit das für den Übersetzer bedeute. Auch die Bedenken des Übersetzers sind erhalten geblieben, der sich in einem Brief an den Verlag wundert, warum die Autorin diese Änderungen so dringend gemacht habe, und vor allem fragt, ob das wirklich eine Verbesserung sei. Er selbst scheint das keineswegs so gesehen zu haben.

Auch das Manuskript des *Ausflugs der toten Mädchen* fängt das FBI ab. Und fertigt sogleich – lange vor dem amerikanischen Verlag – eine erste Übersetzung an, die, obwohl der Zensor bescheiden erklärt, es handele sich um eine ganz freie Übersetzung, sich sehr gut liest: »›No, from much further away. From Europe.‹ The man looked at me smiling as though I had said ›from the moon‹.«

Und auch die mexikanischen Melancholien der Anna Seghers sind in den Akten sicher verwahrt. Ihr unstillbares Heimweh: »I should like to spend my old age, if I live to see it very uneventfully in my home town Mainz on Forster Street, lined with old trees«, schreibt sie am 28. Januar 1944. Und Anfang des Jahres hatte sie an zwei Bekannte in La Paz, Bolivien, über die Folgen ihres Gedächtnisverlustes geschrieben: »When I read your letter where you mentioned my father and apple cider and crushed cakes, then everything was clear to me again, so that your kind letter has a better effect than doctors and friends.«

Das Heraufbeschwören heimatlichen Kuchens und Apfelweins und die Erinnerung an ihren Vater habe auf die Dichterin in Mexiko einen heilenderen Effekt als jeder ärztliche Rat. Heimat heilt. Und ihre Vorstellungskraft, ihre Erinnerungskraft sind nach dem Gedächtnisverlust noch gewachsen. Die Akten haben es bewahrt.

Die Gegenwart, so schreibt Anna Seghers, werde für sie immer unrealer. Wogegen die Kindheit, die Orte der Kindheit, die Landschaften, die Freundinnen, immer realer und tröstender werden. Schutzraum einer Dichterin weit, weit entfernt von ihren Wurzeln.

Die Beobachtung durch das FBI. Die Beobachtung durch eine blonde Hilde oder andere Nazi-Spione – all das ahnte und befürchtete Anna Seghers stets, aber sie wusste es nicht genau. Über die Beobachtungen, die Verdächtigungen durch ihre politischen Freunde wusste sie jedoch meist gut Bescheid. Spätestens seit Stalingrad, seit die Hoffnung auf eine Rückkehr in ein befreites Deutschland realistisch geworden war, hatten die Kämpfe der Kommunisten untereinander an Schärfe zugenommen. Wie groß war die Freude damals gewesen, wie groß die Angst danach. Stalingrad, das hatten sie alle bei Pablo Neruda gefeiert, als er sein langes Gedicht fertiggestellt hatte und die Träumer, Kämpfer, Flüchtlinge und Versprengten um sich und seinen Tisch in Mexico City versammelt hatte. Der Kommunist und Journalist Bruno Frei hat die poetische mexikanische Siegesstunde so beschrieben:

»›Stalingrad, auch ohne die andere Front, die zweite
Niemals, auch wenn durch Tage, durch Nächte
Eisen und Feuer dich quält, fällst du, unsterbliche Stadt.‹
Pablo Neruda, Chiles Generalkonsul in Mexiko, las uns zu mitternächtlicher Stunde sein Stalingrad-Poem vor. Vielsprachig war der Freundeskreis, der sich an der Tafel des Dichters zu versammeln pflegte, Franzosen, Spanier, Italiener, Mexikaner, Lateinamerikaner, für die Mexiko Warteraum war auf den Tag der siegreichen Heimkehr. Chilenischer Rotwein und Pablos Dichtung erzeugten jene Erregung, die uns Liebhaber des Wortes befähigte, das Ende der Nacht traum-trunken vorwegzunehmen.«

Und je heller das Licht am Ende der Nacht leuchtete, desto verbissener wurden die Kämpfe um die Positionen in der Zeit danach. Unter den deutschen Kommunisten gab es keine Kompromisse mehr. In der ersten Zeit hatte Georg Stibi die Leitlinien der Exil-Gruppe bestimmt. Stibi war jahrelang Korrespondent der Parteizeitung *Rote Fahne* in Moskau gewesen, während seine Frau Henny als Sekretärin Walter Ulbrichts arbeitete. Er hatte danach aus dem Spanischen Bürgerkrieg berichtet, ging dann, wie fast alle seine Genossinnen und Genossen, nach Paris, wo er in führender Funktion an den sogenannten Parteisäuberungen unter deutschen Kommunisten beteiligt war. Er war ein gestrenger Statthalter Stalins und dogmatischer Vertreter von dessen Politik. In Mexiko setzte er seine kompromisslose Politik fort, diffamierte Genossen wie André Simone und Leo Katz als Agenten westlicher Geheimdienste und führte die Kommunisten mit Denunziationen und Drohungen.

Bis Ende 1942 auf dem letzten Schiff aus Europa Paul Merker in Mexiko landete. Merker war das einzige Mitglied des Politbüros der Kommunistischen Partei Deutschlands, KPD, der nicht nach Moskau ins Exil gegangen war, er scharte Unterstützer um sich, entmachtete Stibi, schwor die »Bewegung Freies Deutschland (BFD)« auf seinen Kurs ein und wirkte darauf hin, dass Georgs und Hennys Parteimitgliedschaft zu ruhen habe. Ein kalter Ausschluss. Sie wurden aller Aufgaben entbunden, und den BFD-Mitgliedern wurde jeder Umgang mit den Stibis untersagt. Es ging bei dem Zweikampf der beiden Parteigrößen um Macht, um Einfluss, um die beste politische Ausgangsposition für das neue Deutschland nach dem Krieg. Es ging aber auch um einen zentralen inhaltlichen Punkt: ob die deutsche Generalität in ein zukünftiges Anti-Hitler-Bündnis einzubeziehen sei oder nicht. Stalin setzte auf eine Zusammenarbeit mit den Generälen, Georg Stibi folgte auch hier Stalins Auffassung. Merker nicht. Paul Merker wollte seine eigene Linie hier in Mexiko etablieren, er schloss eine solche Zusammenarbeit kategorisch aus.

Bruno Frei hat die deutsche Gruppe in Mexiko »Traumsüchtige« genannt, die sich zum Zwecke des gemeinsamen Träumens um einen Tisch versammelten. Nur so lässt sich vielleicht erklären, warum diese Frage an einem sonnigen Ort 11 618 Kilometer von Stalingrad entfernt zu einer mit aller Erbarmungslosigkeit ausgefochtenen Grundsatzfrage werden konnte. Man fühlte sich schon fast am Regierungstisch im neuen Berlin. Man hatte die Niederlage Hitlers mit solcher inneren Selbstbeschwörungskraft heraufbeschworen, dass man sie schon für so gut wie verwirklicht hielt. Und die Traum-Politiker hier sahen sich schon als Ministerpräsidenten, Außenminister, Geheimdienstchefs, Kulturminister.

»Optimismus war kein politischer Auftrag«, schreibt Frei, »er hatte seinen Grund teils in den vielfarbigen Früchtepyramiden auf dem Markt, der Hauptnahrung der Emigranten, teils in einem Lebensgefühl, das allem Kopfhängerischen widerstrebte und keine andere Stütze hatte als die Gewissheit, dass in einer sinnvollen Weltordnung der Sieg Hitlers denkunmöglich sei.«

Merker hatte sich durchgesetzt. Die Stibis waren kaltgestellt. Die mexikanische Traumtruppe hatte Merker in seinem Kurs zu folgen. Sie hatten für den Ausschluss der Stibis gestimmt. Auch wenn sie dagegen waren. Eine Faust in der Tasche, eine Hand in die Höhe.

Paul Merker und Anna Seghers waren Gegner. Am 30. Mai 1943 hatte Merker an Heinrich Mann in Kalifornien von »hinterhältigen Angriffen« auf die »Bewegung Freies Deutschland« geschrieben, die »diesmal ihren Ausgangspunkt bei A. S. hatten«. Er könnte damit auch André Simone gemeint haben, da dieser aber ein Opfer Stibis gewesen war und von Merker wieder in die Partei eingegliedert und rehabilitiert worden war, scheint das unwahrscheinlich. A. S. wird Anna Seghers gewesen sein. Obwohl sie versuchte, sich aus den Parteikämpfen und Intrigen rauszuhalten, wusste Merker doch, dass sie auf Seiten der Stibis war. Auch sie hatte für deren Ausschluss gestimmt. Auch für die Maßnahme, sie sozial zu isolieren, und hatte versprochen, den Kontakt zu ihnen abzubrechen. Aber würde sie sich daran halten? Merker verlangte mehr Disziplin. Seghers sagte das zu, aber sie war seit ihrem riesigen Erfolg mit dem *Siebten Kreuz* zu unabhängig, finanziell, literarisch, politisch. Merker misstraute ihr. Und sie versuchte, sich in alle Richtungen abzusichern.

In ihrem Nachlass fand sich ein Kuvert, »Mexico« steht darauf, darin ein maschinenbeschriebener Zettel mit Korrekturen von fremder Hand. Darauf erklärt sie, »Stibis Auffassung« bezüglich der Generäle und seine

»unbegruendeten Anklagen« gegen Otto Katz (André Simone) und Leo Katz abzulehnen. Sie »schliesse« sich den während ihrer Krankheit »von der Leitung und der Gruppe gefassten Beschluessen in der Angelegenheit von Georg und Henny Stibi an« und werde »gemaess diesen Beschluessen mit den Stibis nicht verkehren«.

All die Widersprüche in ihr. Das Bedürfnis, sich schriftlich und in einem Kuvert verschlossen zur Parteilinie zu bekennen. Das Bedürfnis, als linientreu erkannt zu werden. Aber Anna Seghers hob noch eine andere mexikanische Erinnerung auf. Ein Schreiben der Stibis, ein undatierter Brief in seiner Handschrift, in dem sie Anna Seghers danken »für das Vertrauen, das Du in uns bewahrt hast, ungeachtet der Flutwelle von Niedertracht und Gemeinheit, die über uns vier Jahre lang niedergegangen ist«.

Was für eine Kunst, die Balance zu halten in diesen Jahren. Die Balance zwischen Parteidisziplin, Überlebenswillen, Strategie, es sich nicht mit einem womöglich zukünftig Machtvollen zu verderben, und Menschlichkeit. Ihrem Sohn Peter erzählte sie in Mexiko »aufgeregt und belustigt« von einem heimlichen Besuch bei den Stibis. Kurz nach ihrem Eintreffen dort hatte es an der Tür geklingelt. »Henny Stibi ging öffnen, sah aber niemanden, doch hatte jemand eine Visitenkarte unter der Tür durchgeschoben. Sie zeigte uns diese Karte von ›Paul Merker, ehemaliger Abgeordneter des Preußischen Landtags‹, auf der geschrieben stand: ›Anna, ich habe dich ertappt, du verkehrst mit Stibi!‹«

Viele Jahre später, als Paul Merker längst selbst ein tief Gefallener und in einem Schauprozess Verurteilter sein wird, schreibt Anna Seghers in einem Lebenslauf von 1954, der sich in ihrer Kaderakte fand: »In der politischen Emigration in Mexico fühlte ich mich schlecht, ich stand mit dem Leiter Paul Merker auf schlechtem Fuss«, und fährt fort: »Es war ein grosser Fehler unserer ganzen kommunistischen Gruppe, dass sie sich dem nicht widersetzt und sich, zum Teil aus Angst an der Rückkehr gehindert zu werden, oft scharfer Kritik zum grössten Teil enthalten hat.«

Zehn Jahre Zeit und der tiefe Sturz Paul Merkers waren nötig, um dies zu schreiben.

Vielleicht war sie jetzt, 1944, auch deshalb nach Cuernavaca in die Schönheit und Einsamkeit gefahren, um an den Festlichkeiten zu Paul Merkers 50. Geburtstag nicht teilnehmen zu müssen. Sie gratulierte aus sicherer Distanz in einem Brief am 1. Februar 1944 aus Cuernavaca:

»Lieber Paul,
ich kann dir leider nur schriftlich zu deinem Geburtstag gratulieren. Mein schriftlicher Gruss bedeutet aber fuer mich viel mehr als der uebliche Glueckwunsch zu einem Ehrentag eines guten Freundes. Denn dein Geburtstag ist nicht nur ein Schnittpunkt in deinem eige-

nen Leben, sondern fuer uns alle ein Abschnitt in der gemeinsamen Vergangenheit, die bestimmt war von gemeinsamen Zielen fuer unser Land und seine Menschen. Wenn jetzt dein arbeitsreiches Leben in eine neue Periode eintritt, dann wuensche ich dir, dass sein Triumph auch unser Triumph werde, wie auch die Leiden und Freuden uns gemeinsam waren: Der Triumph der Ideen fuer die du von jung auf gekaempft hast: der vollkommene Niederbruch des Faschismus, damit die glueckliche Mitarbeit am Wiederaufbau unseres Landes die heute beginnende neue Periode deines Lebens erfuellen kann.

Es gruesst dich herzlichst

Deine

Anna Seghers.«

Ein Brief zwischen Diplomatie, Lüge und Beschwörung. Eine kleine Hoffnung war noch da, dass sich doch alle besinnen würden, auf das gemeinsame Ziel, das so viel größer war als die unterschiedlichen Strategien und Interessen. Aber eigentlich glaubte sie nicht daran. Sie würde sich einfach noch weiter zurückziehen, aus den strategischen Diskussionen. Der Macht folgen, mit der Mehrheit stimmen und die Stibis weiter heimlich treffen.

Sie fährt zurück in die Hauptstadt, sie muss ja zurück, zurück zu ihrem Mann, der immer mehr Zeit bei seinen Schülerinnen und Schülern und zu Hause hinter seiner verschlossenen Tür verbringt, zurück zu Peter, zurück zu Ruth, zurück auf ihre Sonnenterrasse mit dem Blick in die Bäume der Avenida Industria. Zurück in ihren mexikanischen Alltag. Morgens schreiben auf dem Dach, nachmittags Besuche, Besorgungen auf dem Markt, unterwegs sein, planen, sorgen. Sie schreibt *Die Toten bleiben jung* und denkt sich ins Berlin der Spartakuskämpfe hinein, der Roman wird sie noch eine ganze Weile beschäftigen. Aber zwischendurch schreibt sie sich immer wieder fort, fast so somnambul und traumverloren und loslassend und die inneren Zügel fahren lassend wie im *Ausflug der toten Mädchen*: die Erzählung *Post ins Gelobte Land*. Es ist wie ein Brief an sich selbst, eine todtraurige Ermutigung in schwarzen Tagen. Ein Text, in dem sie wie zu sich selber spricht, über die Kraft der Sprache. Darüber, wie Sprache, Literatur, eine Erzählung Leben verlängern kann, Kraft geben kann, wo eigentlich gar keine mehr ist. Wie man einen geliebten Menschen bei sich hält, obwohl er nicht mehr lebt. Post ins Gelobte Land. Post nach Israel. Es ist die jüdischste Geschichte im Leben der Anna Seghers. Die Geschichte von einem Vater und einem Sohn, getrennt durch Welten und durch Weltgeschichte. Und vereint durch die Schrift, selbst über den Tod hinaus. Nathan Levi, aus der polnischen Kleinstadt L., war früh, zusammen mit seinem Sohn, vor Pogromen nach Wien geflohen, in Paris hatten sie ein Glück, eine Sicherheit, eine vorläufige Heimat gefunden. Doch den Lebensabend will der Vater in Jerusalem verbringen, in einem Altersheim, im Gelobten Land. Der Sohn verspricht ihm, regelmäßig zu schreiben. Doch der Sohn erkrankt schwer, weiß, dass er bald sterben muss. Dem sein Leben lang fliehenden, leidgeprüften Vater will er diesen Schmerz ersparen. Er beschließt, Briefe auf Vorrat zu schreiben. Schreibend sein Leben zu verlängern, viele, viele Briefe aus dem Leben zu schreiben, das er nie leben wird, und bittet seine Frau, diese in den gewohnten zeitlichen Abständen nach seinem Tode weiter an den Vater nach Jerusalem zu senden.

»Sein Vater brauchte nie zu erfahren, dass er vor ihm hatte sterben müssen. Er schrieb darum, obwohl ihn die Schmerzen schon hinderten, mit Aufbietung seiner letzten Kräfte soviel Briefe, wie sein Vater in den vereinbarten Abständen zu empfangen gewöhnt war.«

In dem ersten Brief, den die Witwe nach dem Tod ihres Mannes nach Jerusalem schickt, steht: »Du hast mich selbst beim Abschied gelehrt, dass es eine noch höhere Verpflichtung gibt. Du bist von Deiner Familie weggefahren, um Deinen brennendsten Wunsch zu erfüllen. Ich habe damals sofort verstanden, dass nicht Deine Liebe zu mir sehr klein war, sondern Dein Wunsch sehr groß.«

Anna Seghers schreibt auf ihrer Terrasse in Mexico City in diesen Tagen mit dieser Erzählung und den Briefen darin Briefe an ihre eigene Mutter. Von der sie fast mit Gewissheit weiß, dass sie nicht mehr lebt. Aber dieses kleine Wörtchen »fast« ist ja eine ganze Welt, wenn es um Liebe geht, wenn es um das Leben eines geliebten Menschen geht, den man zurückgelassen hat. Allein. Aus dem Städtchen L. in Polen stammt der Vater und floh von dort vor antisemitischen Pogromen. Ins Städtchen L., Lublin, wurde Anna Seghers' Mutter abtransportiert und dort verliert sich ihre Spur.

Anna Seghers schreibt die Briefe des toten Sohnes weiter und weiter. Sie beschreibt, wie der Vater in dem Heim in Jerusalem die Briefe gierig liest, andere Bewohner um sich versammelt, die gleichsam Trost und Geborgenheit und Kraft finden in den Briefen des Sohnes. Der Sohn war Augenarzt in einem Krankenhaus in Paris. Er schreibt von einem Patienten, der ein Auge verlor und der fürchtete, er würde das zweite auch verlieren. Dieser Patient erzählt dem Arzt einen Traum:

»Mir träumte, erzählte er, mein zweites Auge sei gleichfalls verloren. Ich war verzweifelt. Man nimmt mir meinen Verband ab. Auf einmal sehe ich alles mit beiden Augen, sogar mit dem Auge, das gar nicht mehr da ist; ich sehe Sie, ich sehe das Licht; ich sehe den ganzen Krankensaal. – Ein andrer erzählt mir im Spital, er liebe die Nacht am meisten, denn wenn ihm auch tagsüber alles dunkel sei, bei Nacht im Traume erkenne er seine Frau wieder, die Gesichter seiner Kinder.«

Dann bricht der Krieg in die Erzählung ein. Der deutsche Einmarsch in Frankreich. Die Witwe und ihr

Kind fliehen gen Süden. Die Briefe des toten Mannes nimmt sie mit. Anna Seghers schildert hier noch einmal die Tage ihrer eigenen dramatischen Flucht durch das Land, dicht gefolgt von deutschen Truppen, ein Land in Chaos und Todesangst. »Sie gehörten zu den Verdammten, die das Jüngste Gericht in der teuflischen Juniwoche von Sonntag bis Mittwoch über die Route d'Orléans gegen die Loire jagte.« Anna Seghers lebt das alles noch einmal nach, beschreibt die Tage des Grauens im Sommer 1940. Wie lange scheint das schon hinter ihr und ihrer Familie zu liegen: »Am Straßenrand lagen die Trümmer verunglückter und von Fliegern zerstörter Autos in Klumpen von Toten und von Verwundeten. In dem Unglück, dem das Herz nicht mehr gewachsen war, erschien selbst der Tod nur ein unvermeidlicher Zwischenfall. Auf vielen Bäumen hatten Mütter die Namen der plötzlich im Gewühl verloren gegangenen Kinder angeschrieben.« Und über die Frau, die Witwe, die Mutter mit der scheinbar unendlichen Kraft schreibt Anna Seghers: »Die tiefe Gleichgültigkeit der Frau, ihr Unbewegtsein von Todesgefahr, das ihr die Verzweiflung eingab, erschien ihren Reisegefährten als Mut.«

Weiter geht die Flucht, immer weiter in Richtung Süden, ihr ganzes Gepäck hat sie eingebüßt, aber die Briefe des toten Mannes in einem Päckchen hat sie immer noch dabei. Regelmäßig wirft sie noch Briefe ein. Die Mutter und ihr inzwischen schwer erkranktes und erschöpftes Kind finden Zuflucht in einem Dorf an der Rhone, »das von Flüchtlingen vollgestopft war«. Andere reisen weiter nach Marseille und dann weiter nach Algier. Doch die Mutter bleibt, das Kind erscheint ihr zu krank für diese Strapazen, den letzten Brief ihres Mannes gibt sie den Afrikafahrern mit, »damit er sicher befördert wurde«.

Es dauert lange. Die Flucht jener anderen, einer Arztfamilie, nach Algier, ist geglückt. Den letzten Brief haben sie noch nicht eingeworfen. Wir sehen den Greis in Jerusalem, wartend und wartend, »vor Verzweiflung winzig zusammengeschrumpft«. Er grämt sich, er wirft sich vor, den Sohn im Stich gelassen zu haben, im vom Krieg versehrten Europa. Da kommt endlich wieder ein Brief. Es ist der letzte, den der Sohn noch schreiben konnte. Der Vater weiß das nicht, aber er ahnt es gewiss.

»›Mein lieber Vater‹, hatte der Sohn geschrieben, ›ich habe in der Nacht geträumt, ich ginge durch die Höfe und Gänge von St. Paul, ich war ein kleiner Junge, ich ging gar nicht an Deiner Hand, sondern an Großvaters Hand. Wir gingen die Wendeltreppe hinauf in den ersten Stock der Synagoge. Die Großmutter zeigte mir von oben herunter die Jahrzeitkerze, die für die Mutter angesteckt wurde. Ich sah auf das Flämmchen begierig hinunter.‹ Der alte Levi drehte sein Gesicht, das vom Weinen schnell nass war. Er fühlte wieder einen Anflug von

Sehnsucht nach seiner irdischen Heimat. Wie merkwürdig diese Sehnsucht nach einem elenden Land, in dem man nichts anderes erlebt hatte als Schmach und Leiden.«

Es ist Anna Seghers' Abschiedserzählung von den Eltern. Ein Totengebet, eine Kerze für die Mutter. Von der sie immer noch nicht mit letzter Gewissheit weiß, dass sie wirklich tot ist. Aber in dieser Erzählung ist keine Hoffnung mehr. Der letzte Brief ist abgeschickt, es findet sich noch ein Flüchtling, der einen weiteren Brief schreibt, als wäre er der Sohn. Um den alten Levi nicht ganz ohne Trost und ohne Brief allein zu lassen. Aber die Wirkung ist nicht die gleiche. Auch der alte Levi stirbt, und die Frau und das Kind haben die Flucht nicht gewagt. Was mit ihnen geschah? Die Freunde in Algier »bekamen nach einiger Zeit nur die Nachricht, die Frau mit dem kranken Kind sei irgendwohin verschleppt worden. Sie hatte, wie es zu gehen pflegt, die Abfahrt verschoben, um das Kind zu schonen, und dadurch nur den Untergang vorbereitet. Die Freunde hofften auf kein Wiedersehen mehr.«

Das war jetzt die wichtigste Kunst für Anna Seghers und ihre Familie hier in Mexiko: den Mut nicht zu verlieren. Die Kunst der Stunde: Lebenskunst. Den Kopf oben halten, schreiben, die Hoffnung auf ein ›Danach‹ am Leben halten, tapfer bleiben, anderen Mut machen und sich selbst. Den Glauben an die Macht der Sprache nicht verlieren, die Macht der Geschichten. Und wer, wenn nicht sie, war jetzt der Mensch, an dem sich die anderen, die Verzagteren, die Mutloseren, aufrichten konnten? Denn: ja, ja, ja, sie hatte sich natürlich selbst beschrieben, als sie die tapfere Mutter mit dem Kind auf der Flucht so beschrieben hatte: »Die tiefe Gleichgültigkeit der Frau, ihr Unbewegtsein von Todesgefahr, das ihr die Verzweiflung eingab, erschien ihren Reisegefährten als Mut.« Aber diese deprimierende, traurige Ich-Beschreibung, das Bekenntnis von Gleichgültigkeit und Verzweiflung, beinhaltet eben auch das Wissen darum, dass die eigene Seelendunkelheit den anderen als Mut erscheint. Dass sie eine gute Mut-Schauspielerin ist. Vielleicht war es ja auch möglich, so gut zu spielen, Mut so lebensecht zu simulieren, dass man ihn sich selber glaubt? Selbst-Ermutigung?

Im Grunde waren fast alle ihrer Bücher bis hierhin davon getragen. Von der Hoffnung gegen alle Wahrscheinlichkeit. Der einzelne Flüchtling als machtvoller Zweifel an der Allmacht der Gegner. Der Aufstand der Fischer von St. Barbara, der Aufstand selbst, der im ersten Absatz ihrer ersten Erzählung auf dem sommerlich kahlen Marktplatz sitzt und »an die Seinigen« denkt, »die er geboren, gepflegt und behütet hatte«. Und der ausbrechen wird, wenn seine Zeit gekommen ist. Oder wie sie den *Räuber Woynok* begonnen hatte, die Lieblingsgeschichte ihrer Kinder:

»Und habt ihr denn etwa keine Träume, wilde und zarte, im Schlaf zwischen zwei harten Tagen? Und wisst ihr vielleicht, warum zuweilen ein altes Märchen, ein kleines Lied, ja nur der Takt eines Liedes, gar mühelos in die Herzen eindringt, an denen wir unsere Fäuste blutig klopfen? Ja, mühelos rührt der Pfiff eines Vogels an den Grund des Herzens und dadurch auch an die Wurzeln der Handlungen.«

Wie gut war es da für sie, in ihrer immer schwerer zu bekämpfenden Verzagtheit, hier auf diesen mexikanische Räuber Woynok zu treffen, diese Naturgewalt, den Riesen, den Frosch, den Umgestalter der Geschichte, den Geschichtenerzähler, großen Esser, großen Trinker, auf Diego Rivera. Dessen Geschichtsbilder im Cortés-Palast in Cuernavaca sie so oft bewundert hatte. Jetzt endlich lernte sie ihn auch persönlich kennen. Und diese Bekanntschaft war fast noch gewaltiger als die mit seiner Kunst, die sie zuvor in Cuernavaca kennengelernt hatte. Was für ein mitreißender, freier Mensch. Ein Kommunist und frei. Mal Trotzki-Freund, mal Stalin-Anhänger, aber im Grunde folgte er nur sich selbst. Es war, als trüge er in seinem riesigen Bauch stets einen inneren Kompass mit sich umher. Seine Linie gab er sich selber vor. Und wenn er für die Leute seiner Partei in all seiner Unabhängigkeit nicht mehr tragbar erschien, schloss er sich eben einfach selber aus. Mit dramatischer Geste, wie damals, mit der zerschlagenen Ton-Pistole.

Eigentlich benutzte er ja immer echte Pistolen, trug stets mindestens eine mit sich herum. Einmal berichtet Pablo Neruda von einem Streit Riveras mit dem Trotzki-Attentäter David Alfaro Siqueiros. Mit diesem Siqueiros war es bei einer öffentlichen Diskussion zu einem etwas heftigeren Streit gekommen. Neruda schreibt: »Als ihnen in einem dieser Streitgespräche die Argumente ausgingen, zogen Diego Rivera und Siqueiros große Pistolen und schossen fast gleichzeitig, allerdings auf die Flügel von Gipsengeln an der Decke des Theaters. Als die schweren Gipsfedern auf die Köpfe der Zuschauer fielen, verließen diese fluchtartig das Theater, und die Diskussion endete mit starkem Pulvergeruch und leerem Saal.«

Was für ein Unterschied zu den fruchtlosen, angsterfüllten Debatten der deutschen Exilkommunisten. Diego Rivera war nicht der Mann, vorsichtig die Mehrheitslinie zu ertasten, um dann sicherheitshalber auf die opportune Meinung einzuschwenken. Wer diesem Mann verboten hätte, aus Gründen der Parteiraison einen Freund zu besuchen, hätte bestenfalls ein großes Gelächter geerntet – oder einen Warnschuss irgendwo knapp über den Kopf des Verbieters hinweg.

Rivera schoss einfach oft und gerne. Das war selbst im Pistolenland Mexiko ungewöhnlich. Einmal erging ein Haftbefehl gegen ihn, weil er auf einen Lastwagen geschossen hatte. Er verteidigte sich, der Fahrer habe ihn absichtlich überfahren wollen. Und er fügte zu seiner Verteidigung hinzu: »Wer hat nicht schon mal in die Luft geschossen, um das neue Jahr zu feiern? Wer hat im Laufe von 30 Jahren oder mehr nicht wenigstens einmal aus purer Freude geschossen, auch wenn er nicht den Segen der Verfassung hatte? Wer hat nicht schon einen Schuss abgegeben, nur um die Aufmerksamkeit des Kellners auf sich zu lenken?«

Dieser Mann war für Anna Seghers Mexiko. Seine urwüchsige Kraft, seine Liebe zum Volk, sein aberwitziger Größenwahn, sein Glaube an die Kunst, seine Rücksichtslosigkeit, das ganze Riesenhafte, Gigantische seiner Bilder. Dass er vom Staat bezahlte und geförderte Staatskunst machte und trotzdem frei blieb. Dass er sich von amerikanischen Millionären wie Rockefeller für riesige Bilder am Rockefeller-Center bezahlen ließ und dort aber, an eine der Zentralen des Weltkapitalismus, einen riesigen Lenin hineinmalte. Egal, was die Auftraggeber sagten. Dass hier ein Mann war, der die Geschichte Amerikas umschrieb, die Vergangenheit neu schrieb und die Zukunft eines vereinten, großen, sozialen, menschenvereinenden Über-Amerikas malte. Mit sich selbst als Künstler-Präsident und Vorausweiser. Städte, Paläste, Hotels mit seinen Visionen bemalte. Wie groß war dieser Mann. Wie klein dagegen die Streitigkeiten über »Tendenz-Kunst oder reine Kunst«, wie sie sie beinah täglich führen musste.

Einmal, vielleicht 1944, nahm er Anna mit in sein Museum, seinen Palast, sein Atelier, sein Grab. Diego Rivera hatte 1942 im Petregal am Rande von Mexico

City zusammen mit einigen Arbeitern eine schwarze Azteken-Pyramide aus Vulkanstein erbaut. Sein Leben lang sammelte er alte Götterfiguren und Statuen. 1942 waren es 60 000 Stück, und er sammelte und sammelte weiter und weiter. Die Geschichte Mexikos wollte er um sich versammeln und bewahren. Es wurde ein gigantischer, schwarzer Palast, bevölkert von kleinen Steinfiguren in extra für sie errichteten Regalen und Vitrinen. Schwarzer Stein, dunkle enge Treppen, Totenköpfe als Mosaike in den Boden eingelassen, Schlangen, Drachen, im Keller eine Opferkammer mit einem kleinen Teich. Es ist die steingewordene Vision seines Lebens. Im Zentrum der Pyramide öffnet sich ein gigantischer Saal. In den plötzlich die ganze grelle Sonne Mexikos durch eine riesige Fensterfront hineinleuchtet. An den Wänden riesige Wandgemälde mit den Visionen der guten Arbeiterzukunft, mit Karl Marx als Gottheit und Diego Rivera als dem Mann, der die Zukunft weist und beherrscht. Noch weiter oben erreicht man eine Rundumterrasse, auf der man das ganze große Land zu sehen meint. Blick über Mexiko, die Bäume, die Kakteen, die endlosen Häuserreihen, die Vulkane, die Berge, die ganze mexikanische Weite. Ein Palast der Kunst, der Ich-Religion, des Volkes, der Zukunft und des Todes.

Anna Seghers war überwältigt, als Diego Rivera sie durch seine Pyramide führte, die Treppen hinauf, in den Sonnen-Saal, auf die Terrasse. Später schrieb sie:

»Das Haus, in dem sogar die Fensterpfeiler, die Gestelle für die prä-cortésianischen Sammlungen aus schwärzlichem Lavastein gefügt sind, mutet an wie eine Kathedrale des Satans. Es liegt in dem starken Sonnenlicht nicht engelhaft wie ein Lichtschloss da, sondern sonderbar dunkel wie die Festung Vulkans oder des Satans, aber eher einladend als düster. Das Baumaterial widerspricht den Fresken. Darum hat Rivera auf den Decken aus den gleichen Lavasteinen ein Mosaik aus den landesüblichen Ornamenten angebracht, aus Schlangen und Pflanzen und vor allem aus Totenköpfen. Denn der Tod spielt eine große Rolle in der Phantasie dieses Volkes. Er hat nichts zu tun mit dem Tod der Bibel, auch nichts mit dem Tod, der in Europa in unseren eigenen uralten Volksmärchen droht. Er ist ein noch viel älterer, ein unsterblicher Tod, wie er schon in aztekischer, prä-cortésianischer Zeit in Mexiko geisterte. Für uns Europäer nie ganz nachfühlbar oder erklärbar. Er liebt, tanzt und macht Politik. Am 1. November zu Allerheiligen wird er aus Zuckerwerk für die Kinder verkauft, die ihn auflecken bis auf die roten Glaspapieraugen. Er beschwichtigt mehr, als er erschreckt. Auf den großen Wand- und Deckenmosaiken dieser Satanskirche, die Diego Rivera im Pedregal baut.«

Und so war der Tod, wie Diego Rivera ihn malte, in Mosaiken zusammensetzte, ihm einen Tempel baute, ihn zum Teil des Lebens erklärte, für Anna Seghers eine Art

Trost. Sie, die vom Tod Umstellte, von den Bildern und Nachrichten aus Europa Paralysierte, von dem Tod all der Menschen, die sie zurückgelassen hatte, dem Tod ihrer Klassenkameradinnen, dem Tod ihres Vaters, dem wahrscheinlichen Tod der Mutter, der sie vor allem Tag und Nacht peinigte – sie fand in diesem Land Mexiko, das den Tod feierte, sie fand bei diesem kommunistischen Nationalkünstler, der dem Tod ein gigantisches, schwarzes Denkmal setzte, eine riesige Heimstatt errichtete, Trost, Hoffnung und Geborgenheit. Sie, die religiöseste Schriftstellerin ohne Religion, die als kleines Mädchen auf den Spuren religiöser Kunst im Mainzer Dom mit ihrem Vater ein und aus gegangen war, sie, die Ende der zwanziger Jahre aus der Jüdischen Gemeinde ausgetreten war, die im Kommunismus ihre neue Religion gefunden hatte und die doch hier in Mexiko im letzten Kriegsjahr in beschwörendem Ton eine Schrift in das »Gelobte Land« nach Jerusalem geschickt hatte, sie fand in Riveras Todeshaus einen Ort der Hoffnung.

Frida Kahlo, Diegos Frau, hat seine schwarze Pyramide einmal so beschrieben:

»Es erwächst aus der unsagbar schönen Landschaft des Pedregal wie ein riesiger, gen Ajusco gerichteter Kaktus, schlicht und elegant, mächtig und zart, alt und ewig. Mit den Stimmen von Jahrhunderten und Tagen schreit es aus dem Inneren seines vulkanischen Gesteins. Mexiko lebt! Wie die Göttin Coatlicue enthält es Leben und

Tod, wie die herrliche Gegend, in der es errichtet ist, wurzelt es mit der Standhaftigkeit einer immergrünen Pflanze in der Erde.«

Seine ganze Zukunftskraft, seine Zuversicht gewinnt der Künstler Diego Rivera, so wie Frida Kahlo ihn sieht, aus diesem Todesbewusstsein, aus dieser Sammelwut der alten, aztekischen Todespuppen. Je tiefer dieser Mann sich in das Land, in dessen Vergangenheit, in all das Abgestorbene, das Erbe der Vorväter und Vormütter hineingräbt, desto tiefer wurzelt er in diesem Land, in dieser Kultur, desto fester steht das Fundament seines Zukunftsplanes. Seiner Zukunftsgewissheit. Seiner Vorausdeutungskunst. Eine Tante Diegos, so erinnert sich Frida Kahlo, habe ihr mal eine Geschichte über den kleinen Diego erzählt. Er betrat einen kleinen Kramladen voller Überraschungen und Magie. »Mit ein paar Centavos in der Hand stand er vor der Ladentheke und betrachtete immer und immer wieder das ganze Universum, das der Laden barg, während er verzweifelt und wütend schrie: ›Was will ich denn bloß?‹ Das Geschäft hieß Zukunft, und diese Unentschlossenheit hat Diego ein Leben lang begleitet.« Aber auch diese ungestüme Begeisterung für alles Neue, Kommende, Gesellige, Gute, Trinkfreudige, Redefreudige, Farbenfrohe. Noch einmal Frida: »Ich denke mir die Welt, in der er gern leben würde, als ein großes Fest, an dem alles, jedes einzelne Lebewesen, teilnähme – von den Menschen bis zu den Steinen, Licht und Schatten, alle mit der ihnen eigenen Schönheit und schöpferischen Kraft zusammenwirkend. Ein Fest der Form, der Farbe, der Bewegung, des Klanges, der Intelligenz, des Wissens, des Gefühls. Ein sphärisches Fest, klug und liebevoll, das sich über die gesamte Erdoberfläche erstreckte. Für dieses Fest kämpft er ohne Unterlass und setzt alles ein, was er hat: sein Talent, seine Phantasie, seine Worte und seine Taten. Jeden einzelnen Augenblick kämpft er dafür, dem Menschen die Angst und die Dummheit zu nehmen.«

Natürlich war Anna Seghers von diesem Mann und dieser Euphorie und Schaffenskraft, diesem Optimismus und diesem Kunstglauben vollkommen bezaubert und magnetisch angezogen. Er war wie ein Religionsstifter. Prediger der Kunst. Und er hatte diese Frau, die damals noch in seinem Schatten stand. Auch ihre Kunst stand im Schatten seiner Kunst. Er malte Paläste aus und bemalte riesige Mauern im Auftrag von Präsidenten und baute schwarze Paläste und entwarf die Welt der Zukunft. Sie malte sich selbst. Und ihren Schmerz. Und ihre Liebe. Und ihre Wurzeln. Ihre Welt.

Unmöglich, dass Anna Seghers Frida Kahlo in ihren Mexiko-Jahren nicht begegnet ist. Unmöglich, dass sie ihre Kunst nicht wahrgenommen hat. Und sie selbst, diese Frau als Kunstwerk mit dem dünnen schwarzen Bart, den Blumen im Haar, dem Goldschmuck, den bunten mexikanische Kleidern, so dass sie manche eine Piñata nannten, eine farbenfrohe mexikanische Überraschungshülle. Das war in Cuernavaca gewesen, als ihr Mann Diego im Palast die Geschichte Mexikos neu malte und sie eine Fehlgeburt erlitten hatte und es zur Gewissheit wurde, dass sie keine Kinder bekommen würde. Da hatte sie sich in diese bunte Mexikanerin verwandelt, hatte sich die Haare abgeschnitten. Einer Freundin erzählte sie: »Wir konnten kein Kind bekommen, und ich habe oft untröstlich geweint. Jede Ablenkung war mir recht: Kochen, Staubwischen, Malen oder bei Diegos Arbeit zuschauen. Und er war ja immer so froh, wenn ich ihm im blumengeschmückten Korb das Mittagessen brachte.«

Wie Anna Seghers war Frida Kahlo Opfer eines Verkehrsunfalls in Mexico City. Es war ihr viel früher im Leben passiert, und die Eisenstange, die sich dabei in ihren Körper bohrte, hat ihr ganzes Leben durchbohrt. Kinder konnte sie nicht bekommen. Nie lebte sie ohne Schmerz. Und der Schmerz wuchs mit den Jahren, wuchs und wuchs. So viele Operationen, so viele Korsetts aus Gips, aus Eisen, die ihren Körper begradigen, in eine natürliche, weniger schmerzende Position strecken, dehnen, verschieben sollten. Und dazu die Liebe zu diesem notorisch untreuen Giganten, der sich die Lizenz zum Ehebruch von seinem Arzt als quasi krankhaft naturgegeben auf Rezept bescheinigen lassen wollte. Gut, auch seine Frau hatte Affären. Nicht nur mit Trotzki und dem jungen emigrierten Berliner Kunstkritiker Heinz Berggruen. Aber im Vergleich zur Liebestollheit ihres Mannes war sie treu und keusch. »Ich bin in meinem Leben von zwei Unfällen betroffen worden«, hat sie einmal gesagt. »Der eine geschah, als ich von einer Straßenbahn überfahren wurde, der andere ist Diego.«

So sehr sie ihn bewunderte, so sehr sie unter ihm litt, so freudig machte sie sich über ihn lustig. »Sein gewaltiger Bauch, glatt und weich wie eine Kugel, ruht auf kräftigen, säulengleichen Beinen.« Er habe die Gestalt eines »liebenswerten Monsters«, und auf die Frage, ob sie nicht unter ihm und seiner permanenten Untreue und wildwüchsigen Unberechenbarkeit leide, entgegnete sie: »Ich glaube nicht, dass die Ufer des Flusses leiden, weil sie ihm seinen Lauf lassen, dass die Erde leidet, weil es regnet, dass das Atom leidet, weil sich seine Energie entlädt ... für mich hat alles einen natürlichen Ausgleich.«

Sie ist der Ausgleich. Naturgemäß hat Diego Rivera in seinem gigantischen Lebensgemälde, der *Sonntagsträumerei im Alameda-Park*, seiner Frau Frida ein Ying-und-Yang-Zeichen in eine Hand gelegt. Die andere Hand legt sie auf die Schulter des kleinen Jungen Diego, wie er sich selbst gemalt hat mit hellem Hut und Schirm und Ringelsocken und einer Kröte in der Tasche und eine Schlange. An der Hand hält er den festlich geschmückten Tod. Ausflug des kleinen Jungen mit dem Tod und seiner Mutter. Frida, die in Wirklichkeit körperlich so viel Kleinere, hat sich oft als Diegos Mutter beschrieben. Zum Beispiel, als sie von ihm und seiner Gestalt als der eines liebenswerten Monsters sprach, »das die Urmutter, die Antigua Ocultadora, die unverzichtbare, ewige Materie, die Mutter der Menschen und aller Götter, die jene in ihrem aus Angst und Hunger geborenen Wahn erschufen – das DIE FRAU und damit auch ICH stets in ihren Armen halten möchte wie ein neugeborenes Kind«.

Die Mutter. Die Ausgleichende. Der Gegenpol. Die Andere. Und während er Tag und Nacht im Pedregal an seinem Tempel des Todes baute und Totenköpfe in Vitrinen stellte, saß sie im vollkommenen Blau. In ihrer *casa azul*, dem blauen Haus. Das war nicht einfach blau. Das war ein Schock aus Licht und Schönheit, das leuchtet aus der Ferne die ganze Straße entlang. Wer dieses Haus zum ersten Mal sieht, ist wie magnetisch angezogen von dieser magischen Farbe. Die ganze lange Wand entlang leuchtet es wie, ja wie, man weiß es nicht. Es hilft nichts, es zu vergleichen mit dem Meer, dem Himmel, Schwimmbädern. Es ist ebenso dunkel wie leuchtend, wohl jeder, der an diesen Mauern vorbeikommt, will etwas davon mit nach Hause nehmen. In Sicherheit bringen, damit er es immer bei sich hat. Es ist wie ein inneres Leuchten. Anna Seghers hat eine lange Erzählung darüber geschrieben. Nicht über das Haus. Aber über das Blau von Mexiko, *Das wirkliche Blau*, so nennt sie die Geschichte. Es ist die Geschichte des Töpfers Benito Guerrero, der berühmt ist für sein blaues Geschirr. Anna Seghers sucht viele, viele Seiten lang nach der richtigen Umschreibung dieses intensiven Farben-Schocks.

Nennt es »tief und unnachahmlich«, beschreibt einen, der »hing an seinem Blau, als ob es sein Schicksal wäre«, erklärt »Benitos Blau, so glaubte sie, gehörte nun mal zu ihrer Posada, zu ihrem Glück«. Doch das Blau gibt es nicht mehr, ein wesentlicher Bestandteil, so heißt es, kommt aus dem fernen Land im Krieg, aus Deutschland. Und Benito reist und reist, dem »wirklichen Blau« hinterher, ein Zwischenhändler, dem er das Blau entreißen will, sagt ihm: »Verstehen Sie denn nicht, dass ich Ihr Blau nicht vom Himmel kratzen kann?«

Das ist das Blau von Frida Kahlos Haus. Undenkbar, dass Anna Seghers es nicht kannte. Undenkbar auch, dass sie Frida Kahlos Kunst nicht kannte. Vielleicht war es eine Scheu, die die Deutsche davon abhielt, sich dieser Frau und ihrer Kunst zu nähern. Denn einerseits verbindet die Kunst der beiden Kommunistinnen viel. Ihr Glaube an das Volk, ihre tiefe Verwurzelung im Heimatboden, die Liebe zu Märchen, Volksgeschichten. Eine heitere, volksnahe, selbstbewusste Derbheit im Reden. Seghers rheinhessisches »Horschemol«, mit dem sie viele Sätze beginn, ihr direktes »kann mich am Arsch lecke« gegenüber kleinen Kritikern, die in ihren Büchern Widersprüche oder falsche Parteilichkeiten aufdecken wollten. Dies alles ins Spanische übertragen, hätte Frida Kahlo gewiss sehr gut gefallen. Sie ist ja selbst in ihren Briefen oft von einer großartigen Derbheit, die man der Frau mit den Blumen im Haar und den Tränen in den Bildern nicht gleich zutraut. »Er hat die Eier am rechten Fleck«, lobt sie einen Mann, der ihr gefällt, und über die Nachbarn nördlich der Grenze schreibt sie einmal:

»Ich kann die Gringos mit all ihren Vorzügen und Fehlern nicht ausstehen. Ich hasse ihre Art, sich zu geben, ihre Scheinheiligkeit und ihren widerlichen Puritanismus, ihren protestantischen Sermon, ihre überzogenen Ansprüche, die Tatsache, dass man immerzu ›very decent‹ und ›very proper‹ sein muss ... Ich weiß, dass die Leute hier gottverdammte Diebe, Hurenböcke etc., etc. sind, aber selbst bei den größten Sauereien beweisen sie noch ein bisschen Sinn für Humor, während die Gringos ausgemachte Langweiler sind.«

Zwei Frauen mit direkter Sprache. Aber dann ist da diese Grenze, die nicht überschreitbar ist. Und das ist Frida Kahlos Selbstentblößung, Selbstdarstellung, das Bedürfnis, das Innerste nach außen zu wenden. In ihrem Leben und in ihrer Kunst. Ihre Liebe zu Diego Rivera, auch ihre Trennungen, ihre Scheidung, ihre Auseinandersetzungen – das alles wurde unter großer Anteilnahme der Bevölkerung ausgetragen. Die beiden waren öffentliche Künstler, gemeinsam waren sie ein öffentliches Paar. Jeder Fehltritt, jeder Schusswechsel, jede nackte Frau auf einem neuen Gemälde Riveras wurde öffentlich bemerkt, besprochen, bewundert, bemitleidet und verlacht. Und dazu kam ihre Kunst. Gemalte Röntgenbilder der Seele. Die Untreue Riveras, der Schmerz über das ungeborene Kind, die verdammten Rückenschmerzen, überhaupt der Schmerz – das ist der Kern des Schaffens der Frida Kahlo, die mit jedem Jahr, das sie länger lebte, selbst immer mehr zum Kunstwerk wurde. Ein Kunstwerk aus Politik, Mitgefühl, Schönheit und Schmerz. Das Ich als Welt. So dramatisch und offenherzig und schutzlos und radikal und kunstvoll den Zuschauerinnen und Zuschauern der Welt präsentiert, dass sich eine immer weiter wachsende Zahl in dieser Kunst wiederfand. Das leidende Ich als Gesamtkunstwerk.

Nichts auf der Welt konnte Anna Seghers fremder sein. Sie, die sich selbst in ihren Briefen nur äußerst selten zu einer ehrlichen Gefühlsäußerung hinreißen ließ. Sie, die sich in ihren Werken stets mehr verhüllte als entblößte. Bis auf diesen einen, ungeschützten Moment nach dem schweren Unfall, als im *Ausflug der toten Mädchen* plötzlich die Ich-Barrikaden von ihr abfielen. Die sie danach aber sorgsam wieder neu errichtete. Noch einmal kurze Einblicke gewährte, wie bei der Selbstbeschreibung im *Gelobten Land*, als sie bekannte, dass der angebliche Mut dieser Frau, die ihr ähnelt, in Wahrheit Gleichgültigkeit und Verzweiflung sei. Die aber – in den Werken, die sie noch schreiben wird – immer höhere Wände um sich herum aufschichten wird. Schutzwälle aus Worten.

Nein, zwischen diesen beiden Frauen musste Scheu herrschen und Befremden und Fremdheit.

Aber natürlich hat Anna Seghers aus der Ferne von ihr gehört, gelesen, ihre Bilder gesehen. Wer Rivera kannte, kannte auch Kahlo. Wer die schwarze Todespyramide kannte, kannte auch das blaue Haus des Lichts. Hatte zumindest als Gerücht von dem Lachen, der Lebensfreude, dem gemeinsamen Malen, dem gemeinsamen Leben hinter den blauen Mauern gehört. Von dem hellen Atelier der Kahlo, dem von blauen Mauern umgrenzten Garten, dem Blumenmeer, den Essensgelagen, den Trinkgelagen. Und von den Tieren. Dem kleinen Papagei Bonito, einem von Frida Kahlos Lieblingstieren, der gerne seine Küsschen verteilte und Butter über alles liebte und für den Diego und Frida zur Essenszeit gern einen Hindernis-Parcours einrichteten, um ihn auf verschlungenen Wegen zu seiner Butter zu führen. Den sieben aztekischen Nackthunden, denen Diego die Namen der sieben Politbüro-Mitglieder Mexikos gegeben hatte, dem großen Papagei, der ständig Bier und Tequila trank und lauthals »No me pasa la cruda!« krähte, also »Mein Kater hört ja überhaupt nicht auf!«. Der schnelle Schimpanse, der sich beim Essen froh und frei am Menschentisch bediente, das graue Truthahnpaar, das Frida so besonders liebte und umsorgte, als wären es ihre eigenen Kinder, und schließlich der zahme Fischadler, der überall seine weißen Exkremente verteilte und deshalb von Frida Kahlo »Gertrude Caca Blanca« gerufen wurde. Eine Arche Noah der Kunst und der Tiere und der Natur inmitten der lauten, gefährlichen, rauschenden Stadt Mexico City.

Ein blauer Kunst-Traum. Ein kleines, leuchtendes Meer inmitten der Stadt.

Für Anna Seghers war später, als sie sich an Mexiko erinnerte, vor allem dieses Blau die Farbe des Landes. In jener Geschichte des »wirklichen Blau« wird es auf fast hundert Buchseiten immer und immer wieder heraufbeschworen, wie ein verzweifelt oder sehnsüchtig unaufhörlich wiederholter Zauberspruch, mit dem die Erzählerin ein verlorenes Gefühl, ein verlorenes Leuchten zurückgewinnen will. »Wo steckt denn bloß sein Blau?« Seite um Seite füllt Seghers mit dem Willen zum Blau. Und in *Crisanta*, jener anderen, späten Mexiko-Erzählung, die sie aus der Ferne sich erinnernd schrieb, ist dieses Blau auch die Farbe allen Sehnens. Die Heldin, Crisanta, ist gestaltet nach einem von Anna Seghers' mexikanischen Hausmädchen. Doch das Sich-Zurückträumen, das war wohl auch ihr ganz eigenes: »Sie war einmal in ihrer frühesten Jugend an einem Ort gewesen, der keinem anderen auf Erden glich. Dort war ihr so wohl zumute gewesen wie nie mehr später. Als sei sie allein für sich von einem besonderen Himmel behütet. Wenn sie sich fragte, was es gewesen war, dann fiel ihr immer nur ein: Blau. Ein sanftes und starkes Blau, das es später nirgendwo gab. Die ganze Welt war vorbeigerauscht, doch nicht durch das Blau gedrungen.«

Ein Schutz aus Blau – gegen die ganze Welt. Wann immer Crisanta die Augen schließt und in ihren Gedanken, krank vor Heimweh, nach dem Ort sucht, aus dem sie stammt und wo sie als Kind behütet war und warm wie später nie mehr wieder, dann sah sie nur dies: »Sie wusste noch, es war blau gewesen. Die Welt war dahinter vorbeigeströmt und nicht eingedrungen.« Lange weiß sie nicht, wo genau das war, diese Geborgenheit, diese Sicherheit. Irgendwann, am Ende der Geschichte, weiß sie es, sie erinnert sich an die Frau, die sie aufgezogen hatte, Frau González: »Auf einmal fiel ihr der Ort wieder ein, an dem sie als Kind gewesen war. Das unvergleichliche, unbegreifliche tiefe und dunkle Blau. Das war der Rebozo, das Umschlagtuch der Frau González gewesen, und was dahinter strömte, ihr Volk.«

Liebe zum Volk und Liebe zum Blau, das hatte Anna Seghers mit Frida Kahlo gemeinsam. »Hier kann man gründlich lernen, wie aus Menschen ein Volk und aus einem Volk ein Staat wird«, schrieb sie im August 1944 in einem Brief und fügt hinzu: »Nach und nach habe ich es beinahe gluecklich gefunden, dass ich die Welt nicht immer aus einem Loch ansehen muss.« Und: »Ich bin im Grunde sehr gern hier.«

Und doch wuchsen die Momente der Sehnsucht zurück. Je näher das Ende des Krieges rückte, desto mehr schrieb sie in ihren Briefen von ihrem dringenden Bedürfnis, Mainz wiederzusehen. Ihr Mainz, Stadt ihrer Kindheit, das Umland, den Rhein, die Auen, den Blick ins Land. Ein halbes Jahr nach dem Ende des Krieges wird sie an den Mainzer Regierungsrat Michael Oppenheim geradezu flehentlich schreiben:

»Ich moechte ausserordentlich gern auf begrenzte Zeit die Stadt wiedersehen, in der ich geboren und aufgewachsen bin. Sie koennen sich nicht vorstellen, was fuer eine Sehnsucht ich nach dem Rhein habe. Dieser Wunsch ist nicht geringer geworden durch alles, was sich daheim zugetragen hat. Es ist sogar hier auf dem Kontinent noch gewachsen, obwohl unser Leben durch meines und meines Mannes Beruf geordnet ist und obwohl ich bei der Herumreiserei genug Schoenes und Sonderbares gesehen habe. Ich weiss nicht, ob Sie verstehen koennen, dass man dann erst recht das Gefuhl hat, man muesste wieder einmal daheim atmen.«

Sie wollte zurück, alle Emigranten wollten zurück, wieder gebraucht werden, dazugehören, mitmachen. Bücher schreiben, die gelesen werden, endlich erfahren, was die echte, die große Parteilinie ist. Wer mächtig sein wird und wer nicht. Endlich aus diesen kleinen Kämpfen heraus. Und hinein in die große, neue, alte Welt. Hinein in die Weite der alten Heimat. Sie neu machen. Anknüpfen an das Gute, das man in sich trug. Die Welt erneuern. Europa erneuern. Sich selbst erneuern, indem man sich mit der Herkunftswelt wieder verbindet.

Den liebevollsten Text schreibt Anna Seghers in diesen Monaten über Gisl, Egon Erwin Kischs Frau. Darin beschreibt sie auch deren Zauber-Kaffee, um den sich die Menschen aus aller Welt so drängen, »wie einstmals die Juden um das Wasser, das aus dem Felsen geschlagen wurde. In vielen Städten Europas«, fügt Anna Seghers hinzu, »ist Kisch allein und traurig herumgegangen, obwohl er genau so gastfreundlich, genau so witzig, genau so leutselig wie immer war, bis endlich Gisls Kaffeemühle zu mahlen begann. Dann füllte sich das Zimmer bei dem bloßen Geräusch.«

Voller Dankbarkeit beschreibt Anna Seghers hier die große Kunst der Gastfreundschaft, die Gisl Kisch perfekt verkörpert. Den Menschen Glück schenken, Freundlichkeit, Offenheit, der Magnetismus der Herzlichkeit und des guten Essens und Trinkens in einer Atmosphäre des Willkommen-Seins und des Miteinander-Redens ohne Rechthaberei und Behauptungswillen. Und das hat nichts von einem Oben-Herab der Welt-Autorin, die über die Kaffeekocherin Gisl schreibt. Es ist die Bewunderung einer, die selbst weiß, dass Bücherschreiben keine größere Kunst ist als die, ein gastfreundlicher, heimat-gebender, zugewandter, herzenskluger, kochbegabter Mensch zu sein. Fern der Heimat ist so ein Mensch, so ein Menschen-Magnet, noch wertvoller, als wenn alle ohnehin in der Nähe von zu Hause sind und nach dem Kaffeetrinken wieder in ihr altgewohntes Heim zurückkehren. Lebenskunst als wahre Kunst. »Weil ich selbst Bücher schreibe, hab ich vor diesem Beruf wenig Respekt. Das reproduzierte Leben, wie großartig, wie gewaltig es auch einwirkt, bedeutet mir weniger als die geringste Regung echten, unverfälschten und vervielfältigten Lebens.«

Nichts lag Anna Seghers ferner als künstlerischer Hochmut. Sie schrieb wie andere kochten, töpferten, lehrten, Blumen verkauften. Echtes Leben statt reproduziertes Leben, ein echter frischer Kaffee statt einem blumig und anschaulich und herrlich beschriebenen. Echte Freundinnen statt Dichterinnen, die vor allem mit dem Stolz auf sich selbst befreundet sind. Ein offenes Haus statt eines offenen Buches. Anna Seghers musste ihr Leben lang nicht einen Moment zögern, um sich – zwischen diese Alternativen gestellt – stets für das Direkte, Lebendige, Unverfälschte zu entscheiden. Ihre Lebensfreundin Lenka Reinerová hat einmal beschrieben, wie sie sich die schon damals in Paris berühmte Dichterin vorgestellt hatte, als sie sie noch nicht persönlich kannte. »Ich versuchte mir diese schöne und ungewöhnliche Frau vorzustellen, den Anflug von Feenhaftem, der sie zu umgeben schien.« Dann hörte sie, dass diese Fee auch noch fabelhaft koche, und da wunderte sie sich schon: »Eine Fee, die fabelhaft kocht?« Und dann ist sie ihr zum ersten Mal leibhaftig begegnet, »sie kam mit ihrem Mann und den beiden Kindern und es gab durchaus nichts Feenhaftes an ihr. Nur die Stimme fiel mir auf, ein wenig verdeckt, als ob sie bei allem Gesagten immer einen winzigen Rest für sich zurückbehielte.«

Anna Seghers war immer ganz da, bis auf dieses kleine Etwas, das Abwesende, der kleine innere Bezirk, der stets verschlossen blieb. Viele, die sie kannten, haben sie so beschrieben. Vor allem ihre besten Freundinnen. Auch Steffi Spira, mit der sie schon seit Berliner Tagen eng befreundet war und die sie in Mexiko fast jeden Tag sah, mit ihr auf die Märkte ging, Bananen kaufte, Gemüse kaufte, Zigaretten und Geschirr, die immer zusammen kochten, wenn die Kinder mittags in der Schule aßen, oft war noch Lenka Reinerová dabei und auch die Freundin Jeanne Stern. Sie lachten, rauchten, erzählten, Anna hörte meist nur zu, bis sie ihr »Jetzt horschemol« oder beherrschter: »Jetzt hör mal mir zu!« ausrief. Dann ging es los. Sie rauchte oft, paffte jedoch nur, blies ein bisschen den Mund auf und spuckte den Rauch dann wieder aus. Mittendrin in der Freundinnen-Runde und doch oft nicht ganz dabei. Reinerová schrieb einmal, der französische Schriftsteller Louis Aragon habe etwas sehr Schönes über ihre Freundin Anna gesagt: »Er meinte, sie sei wie Artemis, man geht durch einen Wald, erkennt ihre zarte Figur, hört ein lustiges Lachen, kommt näher, und nur noch ein Schleier hängt an den Zweigen – von ihr keine Spur. Für mich«, fügt Lenka Reinerová hinzu, »ist Anna eine ›private‹ Schauspielerin. Sie versteckt sich auf unnachahmliche Weise. Bald bricht sie mutig los wie eine Pantherin, deren Junges angegriffen wird, bald sitzt sie wie eine antike Göttin voller Stolz und Ruhe, lässt die Menschen um sich herumbrausen, sagt nur wenig, am liebsten gar nichts. Ihre Augen bekommen dann einen Ausdruck, als habe sie ganz fern etwas ungeheuer Interessantes entdeckt, das ihre ganze Aufmerksamkeit beansprucht.«

Je länger die Mexiko-Jahre währten, desto größer wurden die Momente ihrer inneren Abwesenheit. Ihres Rückzugs in sich selbst. Einerseits gab es jeden Tag neue militärische Erfolgsmeldungen der Alliierten, jeden Tag kamen sie alle hier, die Flüchtenden und Traumsüchtigen aus Mexiko, dem Sieg und der Heimkehr einen Schritt näher, gleichzeitig kam mit jedem Tag auch ein neues Grauen in ihre Welt, jeden Tag neue Berichte darüber, dass ihre schlimmsten Phantasien der letzten Jahre über das massenhafte Morden von der Wirklichkeit noch übertroffen wurde. Und damit das Gefühl, dass sie alle hier, die Bewahrten und Überlebenden in der Sonne Mexikos, ein unverdientes, untätiges Glück gelebt hatten. Bruno Frei schrieb über diese Wochen und Monate in Mexiko: »Mit dem Unfassbaren konfrontiert, verwandelte sich mir der Sonnentraum in einen Alptraum. Die Kunst, mittels einer selbstgebastelten Fata Morgana zu überdauern, wurde wurmstichig und von Schuldgefühlen angenagt.« Und er fährt fort: »Das unerträgliche Nachtbild überschattete die Sonnenhelle und gebar neue Traumbilder, schwarze, hadernde, sühneheischende.«

Sie hatten alle gemeinsam hier eine Oase des kollektiven Optimismus gründen wollen. Mit dem Heine-

Club, dem Verlag, der Zeitschrift. Sie hatten eine Art kämpferische Normalität simuliert, und es war aber so schwer, diese Simulation gegen die mit immer größerer Macht hereindrängende Wirklichkeit zu verteidigen. Sie waren ja längst fast alle eher Beschwörungskünstler als Beschreibungskünstler geworden. Selbst Kisch, der Reporter. Heinrich Mann hatte aus Kalifornien in diesen Tagen, nachdem er Kischs Mexiko-Texte gelesen hatte, diesen Eindruck beschrieben: »Kisch hat Visionen. Was er auf dem Gipfel eines soeben geborenen Feuerberges erblickt, mit realistischen Augen dennoch erblickt! Er hat einen prophetischen Sinn für das Gegenwärtige, das macht ihn zum Revolutionär und Dichter.« Ein Wirklichkeitskünstler, der dem gegenwärtigen Moment immer einen Augenblick voraus ist. Der der Wirklichkeit ein winziges Stückchen vorausdichtet, sie nach seinen Vorstellungen vorausbeschreibt. Das war Kisch in Mexiko, und das waren viele seiner Mitkämpfer.

Aber das alles drohte einzustürzen und zu Makulatur zu werden, in dem Moment, in dem nichts, nichts, gar nichts von der Welt da draußen sich noch nach den Vorstellungen der Dichter und Visionäre richtete. Wo jede wahre Wirklichkeit so unendlich viel dunkler war, als irgendein Traumreporter es sich je hatte ausmalen können.

Anna Seghers las viel Gedichte, rezitierte sie auch oft. Meistens Schiller, immer wieder Schiller. Oder eines von dem russischen Dichter Alexander Block, das liebte sie besonders, es heißt *Vergeltung* und darin diese Strophe: »Du zogst den blauen Mantel um dich traurig / Und gingst ins feuchte Wehn der Nacht hinaus.«

Dann kam nochmal ein Tag, an dem alles so schien, als wären doch sie hier inmitten eines Zentrums der Welt. 29. April 1945. Kisch wurde 60. Der Welt-Kisch. Der Rasende, der Reporter, der Abenteurer, der Menschen-Magnet, der Kinderfreund, der Raucher, der Weltkenner. Es gab Feste, Bankette, Deklarationen, Wiener Rote Garde, Freie Österreicher, die Exiltschechen, die mexikanische Regierung, Vertreter Hollywoods, der Heine-Club, das *Freie Deutschland,* alle alle kamen oder schickten Telegramme, übergaben Geschenke, Festschriften, Füllfedersets, eine Ausgabe der vier Jahrgänge ihrer mexikanischen Zeitschrift, tausend Seiten mit goldgeprägter Widmung, eine Broschüre seiner besten Reportagen in zehn Sprachen unter dem Titel »Seine Reise um die Welt in sechzig Jahren«. Es waren »Festbankette, zu denen mehr als 1000 Menschen kamen«, schreibt Kisch stolz an einen Freund. Dazu die Kinder der Emigranten, die ihn alle, den Kinderlosen, der keine Pointe, keinen Witz an sich vorbeiziehen lassen, der so viele geheime Eier aus den Ohren zaubern konnte, liebten und verehrten. Sie wollen auch ihren Kisch, ihr Fest mit ihm, malten ihm Bilder und ließen sich mit ihm fotografieren, jedes eine weiße Kisch-Zigarette im Mund. Ihre aus Zucker, seine aus Papier und Tabak. Aber es half alles nichts. All der Ruhm, all die Leute, all die Zeugen seiner Meisterschaft und Menschlichkeit. Es waren Gespenster-Bankette. Es waren Abschiedsfeiern. Abschiede von den Toten. Abschiede von den Hoffnungen, die sie alle hatten und geschürt hatten, immer weiter geschürt. Sie feierten Kisch und seine Wirklichkeitsfeiern und seine Kämpfe und Visionen und Empörungen und seine Siege. Am Ende eines Krieges, gegen den alle Worte der Welt nichts vermocht hatten. Nicht die von Anna. Nicht die von ihm, dem Jubilar. Dem Gefeierten in Glanz und Ruhm. Wofür das alles?

Dann kam der 8. Mai. War da jetzt nicht doch eine Freude? Der Krieg war zu Ende. Der Faschismus besiegt. Der Feind hatte bedingungslos kapituliert. Sieg! Sieg! Sieg! Alles, wofür sie hier gekämpft und geschrieben hatten, worauf sie gehofft und gewartet hatten, war wahr und vollendet! Jetzt nach Hause! Jetzt neu anfangen. Neu aufbauen. Die bessere Welt. Transit in die Heimat! Rasende Reportagen der Wirklichkeit voraus. Mit Worten neue Welten bauen!

Und wir stellen uns Anna vor, das Mädchen Netty aus Mainz, mit den langen Zöpfen und den Freundinnen auf der Wippe. Die diesen langen, langen Weg gegangen ist bis hierher, ins blaue Land. Die ihre Familie durch das Inferno des Krieges gelotst hatte, die in Marseille von Amt zu Amt, von Enttäuschung zu Enttäuschung gehastet war, Transits sammeln, Ernüchterungen sammeln, die nie die Hoffnung verlieren durfte, nicht für sich, nicht für ihre Familie. Die kämpfte und schrieb und ihrer Linie, ihrer einmal eingeschlagenen Kämpferlinie gegen alle Widersprüche treu geblieben war. Die hier in Mexiko ihr Leben bewahrt hatte, die sich ins Leben zurück gekämpft hatte, die diesen märchenhaften Triumph ihres Glaubensromans *Das siebte Kreuz* erleben durfte, die sich danach der Welt in ihrer kleinen Kindheitserzählung so ungeschützt und ehrlich und offen gezeigt hatte, wie nie zuvor und nie danach. Die beinahe gestorben war, mit einem Bein im Reich des Todes und zurückgekommen war, schreibend zurück ins Leben. Die Kompromisse machte jeden Tag, den besten Weg suchte, jeden Tag für sich und ihre Kinder, die treu sein wollte ihren Freunden und zugleich ihrer Partei. Und die das gute Deutschland siegen sehen wollte, Tag für Tag und ihren kleinen Beitrag dazu unter dieser Sonne leistete. Nun war es geschehen. Der Sieg war da. Deutschland hatte verloren. Die Welt gewonnen. Ihr Sieg. Ihr Kriegsende. Feierte sie? Jubelte sie? Trank sie ein Glas oder drei? Lieh sie sich eine von Diegos Pistolen und schoss in die Luft? Ihr Jubel, ihre Erleichterung müssen doch grenzenlos gewesen sein an diesem Tag, diesem 8. Mai 1945 hier in Mexiko. Aber vielleicht war der Kampf einfach zu lang gewesen, die Opfer zu groß, ihre Kraft erschöpft, ihre Angst vor der zerstörten Welt, die sie nun unweigerlich sehen würde, zu groß. All die Toten. Transit zurück ins Leben. In die Welt, die sie einst in größter Not verlassen. Wir wissen nichts über Anna Seghers' 8. Mai. Wir stellen sie uns müde vor und mit einer Zigarette oben auf ihrem Dach, mit den Freundinnen Steffi und Lenka vielleicht, einem Zauberkaffe von Gisl, einem großen Blick ins Blau. Eine neue Welt. Eine neue Geschichte beginnt.

Die junge Lenka Reinerová spürte etwas davon in sich an diesem Tag. Sie wollte sich freuen und ihre Freude zum Beispiel mit dem geliebten, bewunderten Kisch teilen. Sie schreibt:

»Ungefähr um neun Uhr früh erreichte mich die Nachricht, dass der Zweite Weltkrieg aus war. Es gibt Tage, die man nicht vergessen kann. Dieser war so einer. Ich ging Egon Erwin Kisch entgegen, traf ihn auf der Straße unweit unserer Gesandtschaft, an der Ecke der Avenida Tamaulipas. Er trug einen dunklen Anzug, hatte seine ewige Zigarette in der Hand, es war heiß, seine Schuhe bedeckte eine Staubschicht. Er blickte mir, ohne zu lächeln, entgegen, selbst in seinen Augen funkelte es nicht, seine ganze Person drückte unendliche Müdigkeit und Trauer aus. ›Egonek‹, sagte ich erschrocken, ›der Krieg ist doch zu Ende.‹ – ›Eben.‹ Er seufzte, hängte sich schwer in mich ein, wie jemand, der Halt sucht. ›Was werden wir jetzt alles erfahren. Das ganze unfassbare Sterben.‹«

Sie alle hatten sich hier in dieses Vakuum der Weltgeschichte geflüchtet. Hatten mit unglaublichem Glück die Schiffe in Europa bestiegen. Um ihr Leben zu retten. Und während sie hier waren, ist in ihrer Heimat Unvorstellbares geschehen. Und der Vorhang, der dieses Unvorstellbare lange Zeit verhüllt hat, hebt sich Tag für Tag ein weiteres Stückchen an. Egon Erwin Kisch ist irgendwann in diesen Wochen noch einmal im Land unterwegs, er ist in einem kleinen Ort, Venta Prieta, in dem sich vor Jahren einige mexikanische Juden vor einem Pogrom geflüchtet hatten. Er redet mit den Bewohnern, dreizehn Juden leben hier, heute ist Gottesdienst, am Schluss stellt sich die Gemeinde vor dem Altartisch auf zum Totengebet. Auch Kisch tritt vor, spricht nach, was der Rabbi der Gemeinde vorspricht, danach fügt jeder die Namen seiner Toten dem Gebet hinzu:

»Mein Vater und meine Mutter«, schreibt Kisch, »waren in Prag geboren, lebten dort, starben dort und sind dort begraben. Niemals konnte ihnen in den Sinn kommen, dass einer ihrer Söhne den Totenspruch für sie in einer Gruppe von Indios sprechen werde, im Schatten der silbertragenden Berge von Pachuca. Meine Eltern, die ihr Leben im Bärenhaus der Prager Altstadt verbrachten, ahnten nicht, dass ihre Söhne einmal aus dem Bärenhaus verjagt sein würden, nach Mexiko der eine, nach Indien der andere und die beiden, die dem Hitlerterror nicht entfliehen konnten, in unbekannte Stätten unvorstellbaren Grauens. Meine Gedanken schweifen weiter, Verwandte, Freunde, Bekannte und Fremde, Opfer Hitlers. Alle haben Anspruch darauf, dass ihrer im Totengebet gedacht wird.« Und er fährt fort: »Unübersehbar ist die Kolonne, sie zieht dahin, als hätte es nie eine Menschheit gegeben, als hätte es nie einen Sinn der Menschheit gegeben, niemals das Streben, mehr Brot, mehr Recht, mehr Wahrheit, mehr Gesundheit, mehr Weisheit, mehr Schönheit, mehr Liebe und mehr Glück in die Welt zu bringen.

Als letzter trete ich weg vom Altar, zu dem ich mich vor einigen Stunden so gut gelaunt aufgemacht hatte.«

Sie haben dann trotzdem gefeiert, die Geflohenen in Mexiko. Die Kommunisten unter sich, die, die noch beisammen waren, die nicht ausgestoßen waren aus der Gruppe wie die Stibis und wie Gustav Regler, die sich nicht vom Balkon gestürzt hatten wie Alice Rühle. Die noch da waren und lebten und sich selbst Mut machen wollten, am Ende dieses langen Krieges. Sie haben sich selbst gefeiert mit einem alten Heldenstück von Kisch. Seinem *Oberst Redl*, der Geschichte des österreichischen Offiziers und Spionenjägers, der selbst Spion für Russland war, der alle geheimen Aufmarschpläne der K.-u.-k.-Armee für phantastisch viel Geld an Russland verkauft hatte. Der schwul war und ein geheimes, hemmungsloses, luxuriöses Leben führte – bis er aufflog und zum Selbstmord genötigt wurde und alle hofften, dass der Kaiser von diesem ungeheuerlichen

Geheimnisverrat nichts erfahren würde. Doch er erfuhr davon, alle erfuhren davon. Egon Erwin Kisch hatte früh schon die Aufklärung dieses Falles geschickt sich selbst zugeschrieben. Und seine Rasende-Reporter-Karriere auch auf dieser Legende seines Lebens aufgebaut. Triumph des literarischen Journalismus. Triumph des Schreibens gegen die Macht.

Und dieses alte österreichische Heldenstück aus einer anderen Zeit führten nun die versammelten kommunistischen Schriftsteller und ihre Freunde im Schieffer-Saal des Heinrich-Heine-Clubs als Triumphstück auf. Ihre Erinnerungen. Ihr Humor. Ihre Macht. Keine Schauspieler – die Schriftsteller selbst verkörperten die triumphalen Worte. Bodo Uhse, Friedrich Katz, Bruno Frei, Lenka Reinerová, André Simone und all die anderen machten sich auf in eine Leihanstalt für Theaterkostüme. Suchten sich alte Uniformen, bunte Kleider, Hüte, Käppis, Mützen – um sich hier in Mexiko in das alte Österreich zu verwandeln, kurz bevor es unterging. Und was alle in Staunen versetzte: Anna Seghers machte mit. Die Matrone mit dem grauen Dutt, den sie jetzt wieder hochbinden konnte, die immer etwas Entrückte, immer etwas Schweigsame, die meist ernste Anna Seghers. Sie verwandelte sich, zur Feier des Kriegsendes, zur Feier ihres Freundes Kisch, zur Feier des eigenen Triumphs, in die österreichische Baronin Daubek. Lenka Reinerová beschreibt die Freude daran so:

»Anna wählte sorgfältig ihre Toilette, verwarf ein schwarz-goldenes Abendkleid (›... das ist nicht schön, da dreht sich keiner nach der Baronin auch nur um ...‹) und entschied sich schließlich für eine violette Robe aus steifem Taft mit einem Besatz Silberspitze, dazu ein beinahe schlichtes, aber verwegen glitzerndes Diadem. Wir quietschten vor Vergnügen, als sie sich im Probierzimmer vor einem hohen Spiegel hin und her drehte, Hofknicks und angemessenes Kopfnicken übte, völlig unbegabt für diese Art von Kunst. Bei der Aufführung war sie natürlich ein Bombenerfolg. Kaum betrat sie die Bühne und führte ihren Hofknicks und die angemessene Verbeugung vor, prasselte auch schon jubelnder Applaus durch den Saal. Die Menschen waren glücklich, dass sie wieder wohlauf war, und begeistert, dass sie diesen Jux mitmachte. Als sie sich dann auch noch mit würdevoller Miene und Geste dankend verneigte, mussten wir auf der Bühne sehr aufpassen, um nicht aus der Rolle zu fallen und mitzuklatschen.«

Dann war der Beifall verrauscht. Der Sieg war da und blieb. Und sie alle durften, mussten jetzt irgendwie nach Hause. Die Gruppe der Geflohenen zerstob und verwandelte sich wieder in viele Einzelne. Der Verlag löste sich auf, die Zeitschrift löste sich auf, der Heine-Club löste sich auf. Anna Seghers erinnerte in ihrer Abschiedsrede an den Namensgeber: »Wir haben uns, wenn uns das Heimweh gar zu stark überkam, von seiner spöttischen Trauer trösten lassen: Dieselben Sterne werden als Todeslampen über unseren Gräbern schweben, am Rhein oder unter Palmen, auch wenn man kein Requiem betet und kein Kaddisch sagen wird.«

Nur die Partei blieb als Gemeinschaft und Zwangsgemeinschaft und als ideologisches Zentrum, in dem über Leben und Schicksal und Zukunft der Mitglieder entschieden wurde. Noch im Oktober 1945 wurde Georg Stibi, dessen Mitgliedschaft bislang nur geruht hatte, einstimmig aus der Partei ausgeschlossen. Auch Anna Seghers hatte für seinen Ausschluss gestimmt. Es war kurz vor der Rückkehr. Kurz vor dem Aufbruch in ein neues, kommunistisches, freies Deutschland. Mehr denn je regierte die Angst vor Moskau die mexikanischen Emigranten. Mehr denn je regierte die Angst vor ideologischen Fehlern die mexikanischen Emigranten. Mehr denn je regierte die Angst vor einem falschen Wort, vor einer falschen Strategie, vor einem falschen Freund, vor einer falschen Linie, vor irgendeiner Abweichung die mexikanischen Migranten.

Paul Merker hielt die Gruppe im Eisengriff. Für die anderen galt zu schweigen, mitzumachen, sich unsichtbar zu machen. Irgendwie ungeschoren und unausgeschlossen nach Europa zu kommen und zu hoffen, dass man sich dort leichter würde einfügen können, in die Aufbauarbeit der Partei.

Annas Sohn Peter hatte die ganze kompromisslose Eisigkeit der Partei erfahren, als er, von den brutal geführten Auseinandersetzungen zwischen Stibi und Merker verstört, sich an den ihm vertrauten Walter Janka wandte. Peter war am Ende des Krieges gerade neunzehn Jahre alt geworden. Er wandte sich an Janka, einfach in der Hoffnung, dass diese dramatische Auseinandersetzung sich doch leicht befrieden lasse. Dieser Konflikt vergiftete die ganze Gruppe. Er hoffte auf Jankas Unterstützung bei der Entgiftung und Normalisierung. Doch Janka war alarmiert. Janka war die rechte Hand Merkers in Mexiko, Merkers Linie war seine Linie. Daran durfte Janka keinen Zweifel aufkommen lassen. Erst recht nicht gegenüber dem Sohn von Anna Seghers.

So wurde Peter schon wenige Tage später vor ein Tribunal der Partei geladen. Es fand in einer Wohnung eines der Assistenten Jankas statt, und Peter erinnert sich später so: »Man wollte mich ›aufklären‹ und warnen. Annas Sohn sollte keinerlei Zweifel an der Weisheit der getroffenen Entscheidungen haben. Man wollte, dass ich jeden Umgang mit Personen einstellte, für die ich große Achtung empfand. Das Ganze dauerte etwa eine Stunde.

Hinterher war ich schockiert und bestürzt. Natürlich erzählte ich alles meiner Mutter. Weil ich noch jung war und sie sich um mich sorgte, riet sie mir, nicht gegen die Mahnung zu verstoßen. Ich folgte ihrem Ratschlag, aber ich habe es immer bedauert.«

Peter war tief verstört von der ideologischen Härte und Unversöhnlichkeit, die in dieser Gruppe herrschte.

In jener Gruppe, die im Leben seiner Mutter die wichtigste Bezugsgröße war. Er hatte versucht, die Probleme auf seine Art zu lösen. Ganz einfach, indem man miteinander redet, den Ursachen von Konflikten nachgeht und gemeinsam nach Lösungen sucht. Dafür hatte er von dieser Gruppe Drohungen und eisige Warnungen geerntet, war mit dieser schockierenden Erkenntnis zu seiner Mutter gelaufen, um sie in dieser schwierigen Lage an seiner Seite zu wissen. Doch sie rät ihm nur stillzuhalten, auszuhalten, den Befehlen der Partei unbedingt Folge zu leisten. Ein Schock für den Sohn. Er muss hier weg. Weg aus Mexiko, weg aus der von Parteimännern gefesselten Emigrantenwelt.

Peter flieht nach diesem Erlebnis geradezu zurück nach Europa. Er hatte Anfang 1945 angefangen, Kurse am Französischen Institut für Lateinamerika zu belegen, schon im April 1945 erhält er eine Einladung, sein Studium in Frankreich fortzusetzen, schon im September 1945 ist er unterwegs nach Paris. Seine Mutter hatte ihm zuvor gesagt, dass Frankreich für sie nicht infrage kommen werde, eine Schriftstellerin müsse im Land ihrer Sprache leben. Aber Peter will nach Paris. Er wird sein Leben dort verbringen. Er wird Franzose. Er wird zu Pierre Radványi.

Seine Schwester Ruth, zwei Jahre jünger als Peter, arbeitet zunächst als Hilfskrankenschwester in einem mexikanischen Krankenhaus, sie sagt, es war eine schreckliche Zeit für sie, da sie auf die unglaubliche Armut der Menschen und der Kinder nicht vorbereitet gewesen sei. Sie folgt ihrem Bruder wenige Monate später nach Paris. Über ihre Mutter und deren Arbeit sagte sie später: »Ehrlich gesagt, ich habe die Bücher früher nur wenig gelesen. Vielleicht war es eine Abwehrreaktion. Wir liebten uns, aber unsere Bahnen waren immer getrennt voneinander.«

Es war einsam um Anna Seghers. Ihr Mann lebt hinter seiner verschlossenen Arbeitszimmer-Tür und an der Universität. Er liebt seine Arbeit dort, die Wissenschaft, die Studenten und eine Studentin oder Kollegin wohl ganz besonders. Irgendwann ist klar, dass er seine Frau auf ihrer Rückkehr nach Europa nicht begleiten wird. Die Familie, die Anna Seghers mit aller Kraft gemeinsam ins Exil gesteuert und hier ernährt und zusammengehalten hat, fällt auseinander. Alles fällt auseinander. Sie alle hatten hier einen künstlichen Kokon zum Überleben errichtet. Jetzt, wo der gigantische Druck von außen, der Krieg, der Faschismus, weggefallen sind, fallen auch die Eisenringe ab, die diesen Kokon umschlossen und stabilisiert haben. Alle stürzen wie Kometen durch das All.

Reisegruppen bilden sich und werden gebildet. Waren sie eben nicht wenigstens noch alle gemeinsam Deutsche? Jetzt sind sie Österreicher, die gehen nach Wien, Tschechen, die fahren nach Prag, Kader-Kommunisten, die gehen nach Moskau, Deutsche, die ge-

Glück zwischen Kindern. Mit Ruth und Pierre um 1944

hen nach Berlin. Die Kischs fahren am 17.2.46 über New York und London nach Prag, Gisl nimmt die Kaffeemühle mit, den Zauber-Kaffee und die Kunst der Gastfreundschaft, Egon diesen unbedingten Willen zum Optimismus, die Liebe zu den Kindern, die brennende Neugier, das Chaos im Kopf und die Zigaretten. Paul Merker und die Stibis werden direkt aus Mexiko mit dem sowjetischen Frachter »Gogol« am 16.5.46 nach Wladiwostok gebracht. Gemeinsam, auf demselben Schiff. Todfeinde auf dem Weg in ihre gemeinsame ideologische Heimat. Das endgültige Urteil über ihre Treue und Parteiliebe erwartend. Hoffend, dass das finale Vernichtungsurteil den jeweils anderen treffen möge.

Anna Seghers möchte nur nach Hause. Sie will nach Mainz. Sie will den Rhein sehen. Sie hat ein geradezu körperliches Bedürfnis nach der Landschaft ihrer Heimat, nach ihren Wurzeln, so wie Frida Kahlo es in einem ihrer berühmtesten Gemälde, das sie *Wurzeln* nannte, gemalt hat. Mit langem Kleid und langen Haaren in der Landschaft ausgebreitet, die grünen Wurzeln gehen direkt aus ihrem Körper in grüne Äste und große grüne Blätter über, die wiederum mit dem Boden verwurzelt sind.

»Ich möchte bald«, schreibt Anna Seghers an ihren Parteifreund Jürgen Kuczynksi, »dasselbe reine Wiedersehen fuehlen wie Du, eine unbedingte Hingabe an die Schönheit von Land und Sprache und Menschen.«

Mainz, Mainz, Mainz. Die Luft dort, die Wolken, die

Menschen, der Dialekt, die Farben, der Fluss, der Dom. Ein Mensch, jahrelang gewaltsam von den eigenen Wurzeln getrennt und nun voller Hoffnung, voller Glauben daran, dass man die vor einer Ewigkeit getrennten Enden wieder zusammenwachsen lassen kann. Oder sie doch wenigstens wiederbeleben, durch einen kurzen, intensiven, lebenserneuernden Kontakt.

Einige wenige Menschen dort, die Anna Seghers kannte vor dem Krieg, haben überlebt. Die Briefe, die sie mit ihnen wechselt, sind herzzerreißend. Es sind kurze Einblicke in den dunklen Schacht der Vergangenheit, von dem sie jahrelang befürchtete, er werde nie mehr hell. Über ihren Töpfer Benito schreibt sie in der Erzählung vom wirklichen Blau: »Er fuhr abwärts in dem Schacht der Erinnerung, immer tiefer und tiefer, bis er endlich aussteigen konnte.«

Irgendwann im Sommer 1946 erfährt sie von einer Lehrerin aus Mainz, Anna Stork, die, solange es möglich war, noch jüdische Kinder in Mainz unterrichtete und bis zum Schluss mit Annas Mutter in Kontakt stand, ihr beistand, solange es ging, und Annas Mutter hatte ihr sogar noch zwei kleine Kartons mit Erinnerungen für ihre Tochter hinterlassen, bevor sie abtransportiert wurde, nach Lublin. Anna Seghers schildert ihr aus Mexiko ihre Flucht, ihre eigenen Bemühungen um ihre Mutter und schreibt: »Alles endete schlecht, wie Sie wissen. Umso waermer ist mir geworden, als ich hoerte, dass Sie in dieser furchtbaren Zeit, die das Gewissen eines jeden von uns auf die Probe stellte und meistens schwer belastete, meine Mutter – soweit es moeglich war – nicht im Stich liessen. Ich moechte Ihnen auch im Namen der vielen, mir vielleicht unbekannten Menschen danken, die durch Ihren Mut den Glauben an menschliche Guete nicht verloren haben.«

Irgendwann bekommt sie auch einen Brief von einer alten Schulfreundin, Elisabeth Stimbert, die hatte der berühmten Kommunistin nach Mexiko geschrieben und um Hilfe bei der Suche nach ihrem Mann gebeten, einem Wehrmachtssoldaten, der in der Sowjetunion verschollen war. Da kann Anna Seghers ihr nicht helfen. Aber sie beschwört in ihrem Brief die gemeinsame Kindheit, sie erzählt von ihrer Mutter, von Geflohenen, die sie gemeinsam kannten, einem Kind, das von der SS nach Auschwitz deportiert wurde, von Überlebenden in Holland und Calvinisten, die dort Verfolgte verbargen und beschützten und die ihre Taten mit den Worten begründeten: »Gott hat mir befohlen, euch zu retten.«

Und Anna Seghers fügt an die in Deutschland gebliebene deutsche Freundin hinzu: »Ich erzaehle Dir von all den bekannten und fremden Menschen, weil wir alle an verschiedenen Enden dieselben furchtbaren Dinge erlebt haben.«

Und sie erinnert an ihre gemeinsame Englisch-Lehrerin »Frl. Dr. Hermann«, bei der sie Kiplings *Dschungelbuch* gelesen hatten und John Miltons berühmtes Sonnett *On His Blindness*, das Anna Seghers hier »Sonet on

My Own Blindness« nennt – Sonett auf meine eigene Blindheit.

Und an Ria erinnert sie sich, ihre gemeinsame Klassenkameradin, von deren Tod sie schon in Paris erfahren hatte. Eine Nachricht, die sie tief erschüttert hatte. Und Ria, die kennen wir gut. Ria ist Gerda, aus dem *Ausflug der toten Mädchen*. Ria ist der Mensch, der nicht vergessen werden darf. Ria bleibt als Gerda im Gedächtnis der Welt, so wie Anna Seghers sie beschrieben hat:

»Gerda galoppierte zu ihrer Krankenpflege wie zu einem Fest. Sie war zur Krankenpflege und Menschenliebe geboren, zum Beruf einer Lehrerin in einem aus dem Bestand der Welt fast verschwundenen Sinn, als sei sie auserlesen, überall Kinder zu suchen, denen sie vonnöten war, und sie entdeckte auch immer und überall Hilfsbedürftige. Wenn auch ihr Leben zuletzt unbeachtet und sinnlos endete, so war darin doch nichts verloren, nicht die bescheidenste ihrer Hilfsleistungen. Ihr Leben selbst war leichter vertilgbar als die Spuren ihres Lebens, die im Gedächtnis von vielen sind, denen sie einmal zufällig geholfen hat.«

Das hatte Anna Seghers geschrieben, als sie langsam, Tag für Tag, ihre Erinnerungen zurückgewann. Und sich an ihre Kindheit erinnerte, an die Wippe, das Auf und Ab, die Mädchen mit den Zöpfen, die unschuldigen Jungen, an all das Sterben danach und an den Rhein. Jetzt, im August 1946, scheibt sie aus Mexiko: »wie bestürzt ich war, als ich noch in Paris, ich glaube sogar von jungen Leuten aus Mainz von Rias Tod hoerte.

Ich glaube, Elli, Du wirst Dir bei meinem Brief denken, was ich immer denke: Man kann ueberall herumkutschieren und mit noch so vielen Menschen zusammen kommen und noch so viel arbeiten, das Gute und Schlechte, das man daheim als Kind gehabt hat, sitzt tiefer als alles, was nachher kommt.«

Anna Seghers lebt in diesen Monaten vor der Rückkehr in einem Zwischenreich der Angst und der Hoffnung. Es ist, als zögere sie nun plötzlich die so sehr ersehnte Heimkehr bewusst oder unbewusst Woche für Woche weiter hinaus. Was erwartet sie in Europa wirklich? Werden die politischen Kämpfe immer so weitergehen? Wird vielleicht, wenn die Sonne, die Wärme, die ganze Exotik um sie herum, die Gemeinschaft – wenn all das wegfällt, die Schärfe der Auseinandersetzungen nicht noch weiter zunehmen? Wie frei wird sie in Deutschland sein? Wenn all die Hardliner aus Moskau noch dazukommen? War Mexiko, das Fluchtland der Not, nicht vielleicht die bessere Heimat? Wollte sie wirklich in die Kälte zurück? War ihr Schutzpanzer aus Ruhm und Geld und Erfolg, den sie sich hier in der Ferne zugelegt hatte, der ihr hier gewachsen war, war der stabil genug für die alte neue Welt, die sie nun erwartete? Würde sie frei bleiben können? Würden jenseits des Atlantiks nicht endgültig

die Paul Merkers den Kurs bestimmen? Waren sie nicht jetzt schon schuld an ihrer Einsamkeit? Dass Peter fluchtartig seine Mutter und seine Familie verlassen hatte? Wie sehr würde die Partei in Anna Seghers' Leben eingreifen, wenn sie, die Partei, womöglich allein an der Macht sein würde? Anna Seghers zögerte und wusste doch, dass sie keine Wahl hatte. Sie hatte ja darauf hingelebt, darauf hingeschrieben, darauf hingekämpft: den Sieg gegen den Faschismus. Den Sieg des Kommunismus. Über alle Zweifel hinweg. Nun war es so weit. Sie musste fahren. Sie wusste es ja. Nur noch einen Moment den Panzer prüfen. Nur noch einen Moment das Licht genießen. Die Terrasse inmitten der Stadt. Die Tauben. Die Freiheit. Die Entfernung vom Krieg, von all den Zerstörungen, all den Toten, all den Erinnerungen an die Menschen, die nun nicht mehr lebten. Noch einmal atmen. Mexiko. Ihr Ort der Zuflucht. Ihr Land der Wiedergeburt. Ihr neues Land.

Am 5. Januar 1947 schreibt Anna Seghers endlich an Bruno Frei: »Ich fahre jetzt ab.« Ihr Mann begleitet sie noch nach New York. Dann fährt sie allein. Auf der »Gripsholm« nach Stockholm. Wieder unterwegs. Wieder im Transit. Überfahrt in eine ungewisse Zukunft. Als sie auf der Gegenrichtung unterwegs gewesen war – ein ganzes Leben lang scheint das zurückzuliegen –, hatte sie in ihrem Roman *Transit* geschrieben: »Alles war auf der Flucht, alles war nur vorübergehend, aber wir wussten noch nicht, ob dieser Zustand bis morgen dauern würde oder noch ein paar Wochen oder Jahre oder gar unser ganzes Leben.«

Jetzt, der Krieg ist vorbei, die Flucht noch nicht ganz, schreibt sie in einem Brief an die Freunde, die sie in Mexiko zurückgelassen hat: »Wenn Ihr hoffentlich bald selbst alle unterwegs seid, dann guckt Euch bitte in allen Hafenstaedten um, ob ihr noch irgendwo die Anna auflesen muesst.«

Blaue Welt
Nachwort

Ich stehe unter dem großen blauen Himmel Mexikos vor dem leuchtend gelben Hotel und schreibe eine Mail an Pierre. Ob es das sein könne, groß, alt, ehrwürdig, Blick von der großen Terrasse auf den Cortés-Palast, direkt am Plaza de Armas. Pierre hieß früher Peter, und er war vor vielen Jahren mit seiner Mutter, seinem Vater, seiner Schwester hier in Mexiko im Exil. Er ist hier erwachsen geworden, er hat das Land geliebt, die Politik gehasst. Er ist aus dem Land der Flucht wieder geflohen, als er merkte, dass es sonst für ihn aus den politischen Kämpfen seiner Mutter kein Entkommen geben würde. Sein Leben lag noch vor ihm. Er ist einfach gegangen, lebt seitdem in oder jetzt nahe bei Paris und nennt sich Pierre. Pierre Radványi. Heute ist er 94 Jahre alt. Er hatte mir vor meiner Reise nach Mexiko das Hotel beschrieben, in das sich seine Mutter öfter zurückzog, um zu schreiben. Oder ins Grün zu schauen. Oder eine Art Ruhe zu finden. Oder einem unliebsamen 50. Geburtstag zu entkommen. »Ein größeres schönes altes Hotel«, hatte er geschrieben, »das an einem alten Platz lag mit hohen alten Bäumen; das Hotel lag auch nicht sehr weit vom Cortés-Palast, ein alter Regierungspalast, auf dessen äußeren Wänden der Freskenmaler Diego Rivera bekannte Figuren der mexikanischen Geschichte gemalt hatte; besonders einen Emiliano Zapata, weiß bekleidet, mit seinem großen Hut und seinem weißen Pferd.«

Es ist Ende Dezember 2019, es ist glühend heiß in Cuernavaca, ich schicke ein Foto des Hotels an Pierre. Er schreibt gleich zurück: »Ja, das könnte das Hotel sein.«

Ich bin nach Mexiko gefahren, um hier irgendwo die Anna aufzulesen. Ich bin mit Mascha hier, meiner ältesten Tochter. Morgens fragt sie mich immer: »Wo gehen wir heute hin?« Und ich nenne das Ziel, die Adresse. Dann fragt sie: »Und was ist da?« Ich sage: »Nichts.«

So ist das mit den Spuren der Literatur in der Wirklichkeit. Sie sind flüchtig, unsichtbar, sie sind in uns, den Leserinnen und Lesern. Anna Seghers hat in Mexiko keine sichtbaren Spuren hinterlassen. Keine Gedenktafel erinnert an sie. Sie hat keinen Baum gepflanzt, soweit wir wissen, kein Haus gebaut. Drei Tauben hatte sie, oben auf ihrer Schreibterrasse in der Avenida Industrial in Mexico City, hat sie mal geschrieben. Wie lange leben Tauben?

Ich sehe den Palast, den sie gesehen hat, oben von einem Balkon des Hotels Casa Hidalgo herab, ich sehe den kleinen Kiosk, den Gustave Eiffel hier erbaut hat, als er noch keine Türme bauen durfte. Ich sehe den großen, melancholischen Garten, in dem der mexikanische Kaiser Maximilian auf den Tod wartete. Ich sehe das kleine Hotel Bajo el Volcan mit dem weißen Turm, in dem Malcolm Lowry *Unter dem Vulkan* schrieb. Die Frau hinter dem Rezeptionstischchen holt sofort ein Exemplar des Romans unter der Theke hervor. Nein, gelesen habe sie ihn nicht. Aber viel davon gehört. Die Bodega, in der Lowry trank, hat erst vor ein paar Jahren zugemacht. »La Estrella« hieß die, hohe hellbraune Mauern umschließen den Garten der Bodega, durch ein Loch in der Tür kann man etwas hineinsehen, leere Flaschen in roten Plastikwannen, wilde Pflanzen, Verfall. An der Mauer steht unter einem roten Stern auf Spanisch der Satz: »Welche Schönheit kann man mit der einer Cantina in den frühen Morgenstunden vergleichen? Malcolm Lowry 1936«.

Eine kleine Spur, an einer alten Mauer, immerhin.

Mexiko hat Anna Seghers und viele andere Flüchtlinge, die kein Land der Welt sonst aufnehmen wollte, aufgenommen, damals. Anna Seghers und ihre Familie haben hier einen Zufluchtsort gefunden, eine Heimat nicht. Anna Seghers ist hier ein Weltstar der Literatur geworden, eine laut und weit über Landesgrenzen hinweg hörbare Stimme der Hoffnung im Kampf gegen den Faschismus. Eine Geschichtenerzählerin, deren Geschichten von universeller Kraft und Verständlichkeit sind. Anna Seghers wäre in Mexiko beinahe ums Leben gekommen. Beinahe hätte sie ihren Verstand verloren, ihr Gedächtnis. Sie hatte Glück, Kraft, gute Ärzte. Sie kam zurück, sie hat sich langsam ins Leben zurückgeschrieben. Aber etwas blieb stets zurück. Das Leben sei seitdem »nicht mehr ganz durchgelebt« gewesen, hat sie gesagt. Wer einmal auf der Schwelle zum Totenreich balanciert hat, verliert vielleicht einfach ein Vertrauen, das einen trägt.

Sie hat das Land hier geliebt. Sie wusste lange vor ihrer Rückkehr, dass sie sich schon bald zurücksehnen würde. Fernweh. Sehnsucht nach diesem Zufluchtsort.

Als sie wieder in Berlin war und die Zeit der Entscheidungen sie erdrückte, sagte sie auf die Frage, für welchen Sektor Berlins sie sich denn nun entscheide: »Für den mexikanischen.«

Doch in Wahrheit gab es da für sie nie etwas zu entscheiden. Ihre geistige Heimat, ihr Kompass, ihr Glaube war der Kommunismus. Ihr ganzes Leben baute ja darauf auf. Sie wich nicht ab. Sie zögerte nur die Heimkehr hinaus. Auf einem der Parteischiffe nach Moskau wollte sie keinesfalls mitfahren. So lange wie möglich eine Unabhängigkeit bewahren, das wollte sie. Allein. Sie blieb eine Weile in Stockholm, wo sich die Weiterfahrt verzögerte. Wieder einmal Visumsdinge. Das kannte sie ja zu Genüge. Aber jetzt ging es wenigstens nicht mehr um Leben und Tod. Dann reiste sie weiter nach Paris, zu den Kindern. Dort traf sie kurz auf Bertolt Brecht, der notierte in sein Arbeitsjournal, sie sei »verängstigt durch die intrigen, verdächte, bespitzelungen«. Sie hatte überlebt, hatte ihre ganze Familie durch dieses Inferno geführt, diese ganze unwahrscheinliche Reise, diese Flucht, diesen Krieg überlebt. Jetzt war sie allein und hatte Angst. Angst vor den eigenen Genossen. Dann lässt sich die Heimfahrt nicht länger hinausschieben. Sie fährt nach Berlin. Ohne einen Stopp in Mainz zu machen. Obwohl es auf dem Weg liegt. Wie sehr hatte sie sich nach ihrer Heimatstadt zurückgesehnt. Schier geplatzt vor Sehnsucht war sie, wie sie es in ihren Briefen beschrieb. Jetzt fährt sie vorbei. Vielleicht auch dies aus Angst. Angst vor der Leere, den Erinnerungen, der Unabweisbarkeit des Todes ihrer Eltern. Angst vor der zerstörten Stadt, dem Rhein, der Schule, den toten Mädchen.

In Berlin dann ist ihr kalt. Die Menschen, die Stadt. »So sonderbar kalt« seien die Menschen hier. »Ich war jahrelang unter Menschen, vielleicht bösere, dümmere, aber immer so heftig, so leidenschaftlich.« Wenn ihr hier in Berlin mal der Mund überlaufe und sie selbst leidenschaftlich und feurig sei, dann »hab ich bei den guten Menschen das Gefühl, dass sie gutmütig lächeln«. An ihren Freund Georg Lukács in Ungarn schreibt sie einen Hilferuf: »Obwohl hier viele oder alle Menschen lieb und gut zu mir sind, habe ich doch manchmal das Gefühl, dass ich vereise. Ich habe das Gefühl, ich bin in die Eiszeit geraten, so kalt kommt mir alles vor. Nicht weil ich nicht mehr in den Tropen bin, sondern weil viele Sachen ganz beklemmend und ganz unwahrscheinlich frostig für mich sind.«

Doch sie wird bleiben und sich gewöhnen. Bleiben in Berlin, bleiben beim Kommunismus bis zuletzt. Sie wird Vorsitzende des Schriftstellerverbandes der DDR, sie wird, als gegen viele ihrer mexikanischen Mitemigranten schwere politische Urteile gefällt werden, schweigen. Gegen sie wird kein Urteil gefällt. Ihr mexikanischer Feind Paul Merker wird 1950 aus der SED ausgeschlossen, 1952 als »feindlicher Agent« verhaftet und zwei Jahre lang in völliger Isolation in Untersuchungshaft gehalten. Ihr, ja, Freund, Georg Stibi, für dessen Ausschluss aus der Partei sie in Mexiko gestimmt hatte, wurde 1950 Leiter des Amtes für Information. Der Parteiausschluss wurde zurückgenommen. Er wurde später stellvertretender Außenminister der DDR. Walter Janka, Assistent Merkers in Mexiko, der den jungen Peter durch seine eindringliche Warnungen vor falschen Freundschaften verstört und in die Flucht getrieben hatte und der Leiter des parteinahen Aufbau Verlages geworden war, wurde in einem Schauprozess 1957 wegen angeblicher Umsturzpläne zu fünf Jahren Haft verurteilt. Er war auch der Verleger von Anna Seghers. Sie wurde gezwungen, am Prozess als Zuschauerin teilzunehmen. Sie wusste, dass er unschuldig war. Einer der Anklagepunkte war sein Plan, Georg Lukács aus dem umkämpften Budapest des Jahres 1956 herauszuholen und in die DDR in Sicherheit zu bringen. Anna Seghers selbst hatte Janka darum gebeten. Im Prozess schwieg sie. Es heißt, sie habe nach dem Prozess versucht, bei Ulbricht Jankas

Freilassung zu bewirken. Wenn das stimmt, blieb dieses Bemühen folgenlos. Ein Bericht der Staatssicherheit aus der Zeit danach vermerkt lobend, dass Anna Seghers zu dem Personenkreis gehöre, der in Folge des Urteils auch »ihre Beziehungen zu Frau Janka wesentlich einschränkten und sich bemühten, sich nicht weiter zu exponieren«. Als sie sich nach seiner Haftzeit wiedersahen, erinnerte sich Janka später, hat sich Anna Seghers mit keinem Wort nach seinen Gefängniserfahrungen erkundigt, stattdessen riet sie ihm zu einem Parteilehrgang.

Auch ihre Freundin Lenka Reinerová kam Anfang der fünfziger Jahre in der Tschechoslowakei fünfzehn Monate in Haft. Über die Reaktion ihrer frühen Freundin Anna sagte sie: »Sie hat mich ein einziges Mal (1956) kurz gefragt, sie hat gesagt: Wie war das? Und ich hab gesagt: Schlecht. Sie hat nicht weiter gefragt, niemals. Und ich habe sogar manchmal versucht, sie darauf zu bringen. Das ist nicht gelungen.«

Anna Seghers ist mit den Jahren mehr und mehr vereist. Sie selbst hatte es ja gespürt, nach ihrer Ankunft. Es war auch Angst um ihr eigenes Leben natürlich, viele der Schauprozesse in den fünfziger Jahren im Osten waren antisemitisch motiviert. Angst als Frau in diesem Männer-Apparat. Angst als West-Emigrantin, Mexiko-Emigrantin, die nicht im Herzen der Partei, in Moskau, überwintert hatte. Angst nach all dem, was sie erlebt und überlebt hatte.

Sie wich nicht ab. Als die Berliner Mauer gebaut

wurde, war sie gerade in Brasilien. Sie war privilegiert. Sie durfte reisen, sie hatte Auslandskonten in jedem Land, in dem ihre Bücher erschienen. Sie ließ sich West-Publikationen zuschicken, sie ließ sich tropische Früchte aus dem Westen schicken und Bücher, die es in der DDR nicht gab. Sie war Teil der Elite im Land der Gleichheit und der Brüderlichkeit. Zum Bau der Mauer schrieb sie: »Der Tag, an dem dieses Tor verriegelt wurde, war ein guter Tag für die DDR. Gewiss, die entschiedene Absperrung von West-Berlin hat für viele einzelne Menschen Kummer und Sorge gebracht. Doch was sind diese Sorgen im Vergleich zu dem Leid, das eine Stunde Krieg bringen würde.«

Den offenen Brief, den ihr Günter Grass am Tag nach dem Mauerbau schrieb, in dem er an Anna Seghers appellierte, die Autorin des *Siebten Kreuzes* könne doch nicht zum Mauerbau schweigen, nannte sie »einen erstaunlich ahnungslosen Appell«.

Als die Behörden der DDR 1976 dem jüdischen Sänger und Dichter Wolf Biermann die Staatsbürgerschaft entzogen, haben viele Autoren der DDR in einem einmaligen, mutigen Schritt gemeinsam gegen diese Maßnahme protestiert. Dieser Protest hatte eine ungeheure Wirkung auf das geistige Klima im Land und spaltete danach die Autorinnen und Autoren des Landes in Unterzeichner und Nicht-Unterzeichner. Die jüdische Vorsitzende des Schriftstellerverbandes hatten sie zuvor von ihrem Schritt nicht einmal informiert. Kein Zufall gewiss, dass die zwei Initiatoren des Protestes, der gegen diese von den Nationalsozialisten bekannte Praxis der Ausbürgerung vorging, Stephan Hermlin und Stefan Heym, zwei Juden waren, die die Nazizeit überlebt hatten. Hermlin war eigentlich gut mit Anna Seghers befreundet. Vermutlich wollte er sie durch Nichtinformation schonen. Er wusste, dass sie, als Repräsentantin der DDR, ohnehin nicht mitmachen würde.

Erst nach Veröffentlichung des Protestes schickten sie Christa Wolf zur Präsidentin, um sie über den Schritt zu informieren. Wolf beschreibt Seghers' Reaktion so: »Sie war erschrocken. Wir hätten diesen Protest nicht einer westlichen Agentur übergeben dürfen, wir wüssten wohl gar nicht, was wir da angerichtet hätten.«

Wenige Tage später distanzierte sie sich in der Parteizeitung *Neues Deutschland* von dem Protest ihrer Freunde: »Dem Brief in Sachen Biermann, den einige Schriftsteller an eine westliche Agentur gaben, habe ich niemals zugestimmt.« Und fügte beschwörend hinzu: »Die Deutsche Demokratische Republik ist seit ihrer Gründung das Land, in dem ich leben und arbeiten will.«

Intern setzte sich Anna Seghers aber »sehr nachdrücklich« dafür ein, dass der Protest »für die Beteiligten keine Folgen haben« dürfe. »Ihre Bücher müssen weiter erscheinen können. Das Recht der freien Meinungsäußerung muss gegeben sein. ›Ich bin gegen Strafen aller Art.‹«

Doch jetzt war sie endgültig zwischen alle Stühle geraten. In der Öffentlichkeit als Verräterin des Protests, intern als Beschützerin der Leute, die man für Staatsfeinde hielt. Da half es wohl, lange schon vereist zu sein. Da half es, wieder einmal zu schweigen.

Stephan Hermlin, ihr Freund, der Protest-Verfasser, schrieb einmal über Anna, sie berge »in ihrem Innern unter Bergen von Schweigen Schreie und Worte, die niemals laut wurden«.

Ich gehe durch die Straßen von Cuernavaca. Der Stadt des ewigen Frühlings. Vor der Casa Hidalgo macht ein Hut-Verkäufer die besten Geschäfte. Die Touristen steigen in einen Bus mit offenem Verdeck, um sich durch die Stadt fahren zu lassen. Die Sonne brennt. Wer da noch keinen Hut hat, kauft sich einen. Der Cortés-Palast mit Riveras Neudeutung der Geschichte und Zapata auf dem weißen Pferd ist geschlossen. »Wegen Erdbebenschäden«, sagt ein Militär in hellbrauner Uniform, der den Eingang bewacht. »Kommen Sie in zwei Jahren wieder.« Neben der Casa Hidalgo steht ein großes weißes Zelt mit einer Schlittschuhbahn darin und gigantischen Stromaggregaten. Eislaufen bei 30 Grad im Schatten. Es ist viel los. Vor dem Zelt stehen noch große künstliche Weihnachtsbäume mit bunten Paketen dekoriert, die bunte Bretterhäuschen ringsherum sehen ein wenig aus wie die Badehäuschen früher am Strand von Ostende.

Auf dem Markt gibt es vor allem grellbunt bemalte

Totenköpfe und Frida Kahlos in allen Variationen. Familien bieten grüne Schaumstoffdrachen am Draht an, die tanzen können. Ein Mann verkauft einen Kaktus auf einem Lavastein. Jede Menge Luftballonverkäufer verkaufen Ballons mit Disney-Figuren und Mascha ohne Bär. Die längste Schlange ist aber vor dem Maiskolbenstand, wo es einfach nur Maiskolben am Stiel gibt mit Butter oder Mayonnaise aus großen Eimern. Die Vögel in den Bäumen machen einen wahnsinnigen Krach, noch lauter als die Mopeds und die ständig durch die engen Straßen kurvende Müllabfuhr, bei der der hinten mitfahrende Abfalleinsammler ständig mit einem Klöppel auf ein Blechtöpfchen einhämmert. Abends wird es kaum leiser. Der Hof der wunderschönen, cremeweißen Kathedrale leuchtet im strahlend blauen Licht der Weihnachtsbeleuchtung. Im Restaurant wird Touristen, die schlecht Spanisch sprechen, Guacamole mit gebratenen Heuschrecken serviert.

Mexico City ist von Cuernavaca nur eine einstündige Busfahrt entfernt. Die Passagiere werden vorher nach Waffen durchsucht und durchleuchtet. Man darf keine Sonnenbrille tragen. Die Gesichter müssen jederzeit erkennbar sein. Auf den Straßen patrouillieren Polizei-Jeeps mit aufgepflanzten Maschinengewehren auf der Ladefläche. Allein im Jahr 2019 wurden in Mexiko 35 000 Menschen ermordet, immer wieder verschwinden Menschen einfach so, immer wieder werden Massengräber entdeckt. Die Forensiker des Landes kommen mit dem Identifizieren der Leichen nicht hinterher.

Jetzt sind wir in der Rio de la Plata, Hausnummer 25. Hier war die erste Unterkunft der Familie, im Hinterhaus. Ein heruntergekommenes, ockerbraunes Haus, Fenster und Balkontüren stehen offen, ein kleines Schild am Balkongeländer wirbt für Gesangskurse und Sprechübungen. Eine schwarze, verschlossene Eisentür, ein offener Verteilerkasten baumelt über dem Eingang. Hier sind sie angekommen, in diesem fremden Land, am Ende ihrer Reise von Transit zu Transit. Nicht weit von hier, ein paar Straßen weiter südlich, ist die achtspurige Paseo de la Reforma. Auf dem Mittelstreifen rotleuchtende Weihnachtssterne, am Straßenrand eine schier unendliche Reihe weißer Marktzelte, gläserne Hochhaustürme, an die dreißig Meter hohe dünne Palmen. Hier wäre ihr Leben damals fast zu Ende gewesen. Hier ist Anna Seghers nachts auf dem Weg zum Heinrich-Heine-Club bei Regen und ohne Brille über die Straße gegangen. Hier wurde sie von dem Wagen erfasst und liegengelassen.

Die Stadt rauscht um uns herum. Zum Heine-Club ist es nicht weit. Wir kommen an einem herrlichen alten Buchladen vorbei, über und über mit alten Büchern vollgestellt, Schwarz-Weiß-Fotos von Filmstars hängen von der Decke. Es gibt einen alten Katalog der Neuen Pinakothek zu München, einen Band *Brockhaus Souvenir* mit Fotos aus Weimar, den ersten Band der Erstausgabe von

Oswald Spenglers *Untergang des Abendlandes*. Die Tore des Hauses, wo früher der Heinrich-Heine-Club war, sind verschlossen. Das Haus daneben ist leuchtend blau gestrichen. Es ist ein kleines Theater, wo zur Zeit jeden Abend ein *Peter Pan*-Musical aufgeführt wird. Vielleicht ist auch hier der Heine-Club gewesen, wahrscheinlich sogar, vielleicht haben sich die Hausnummern geändert. Peter Pan hinter blauen Mauern. Eigentlich muss es so sein.

Hier hatten sie damals in der Regennacht auf Anna gewartet. Hier hatte Egon Erwin Kisch seine Zaubertricks vorführen müssen, um die Wartenden nicht zu beunruhigen. Und hier hat Anna beim letzten Treffen der Clubmitglieder kurz nach Ende des Krieges gesagt: »Der Heine-Klub bedeutet mehr als eine Erinnerung, er bedeutet das Bewusstsein, dass wir zusammengehören. Heine hat alle Stadien der Emigration mit uns geteilt: die Flucht und die Heimatlosigkeit und die Zensur und die Kämpfe und das Heimweh. Wir sind jetzt auf einem Punkt angelangt, wo er uns allein weiterfahren lässt: die endgültige Heimkehr.« Und hatte hinzugefügt: »Denn was ein Künstler zurücklässt, ist kein vergrabener Schatz. Es liegt alles offen.«

Dann geht es noch ein paar Straßen weiter in Richtung Süden. Calle Benjamin Hill, früher Calle Industrial, Nummer 215, hellbrauner, massiver Kubus an einer ruhigen Straßenkreuzung, drei Steinstufen führen zu einer schwarzen Eisentür, keine Klingel. Oben auf dem

Dach hat sie immer gesessen, ihre Erzählkordel geschwungen, unter den aufgespannten Tüchern im Schatten, hat erzählt und geschrieben, ihre Tauben gefüttert. Heute sind da keine Tücher übers Dach gespannt. Keine Spur davon, dass dieses Dach heute noch jemand benutzt. Gegenüber ist ein blau gestrichener Schönheitssalon, daneben ein Barber-&-Beauty-Shop mit dem Namen »Believe«, auf der anderen Straßenseite ein gut besuchtes Café, Studenten, Touristen, Arbeiter sitzen herum, ein Pick-up kommt vorbei, einige Männer springen heraus, bauen einen kleinen Käfig auf dem Bürgersteig auf und sperren drei wahnsinnig süße kleine Hunde hinein, stellen eine Box auf den Käfig, auf dem steht »adopta«, sie verkaufen auch Schirmmützen, auf denen »adopta« steht. Aufgeregte Hunde an Leinen kommen vorbei und kläffen die kleinen Käfighunde an. Solange wir hier im Café sitzen, findet keiner der drei einen neuen Besitzer.

Von hier aus ist es auch nicht weit zum blauen Planeten. Fridas Haus. Wo einst die Affen wohnten und die nackten Hunde mit den Namen der Politbüro-Mitglieder und der betrunkene Papagei. Kurz vorher, an der Kreuzung Calle Viena und Calle Abasolo, muss man sich entscheiden. Zwei Schilder, zwei verschiedene Richtungen: »Trotsky« nach links, »Frida« geradeaus. Also gegen wir erstmal nach links. Der eingemauerte Garten der Angst. Hier hat der russische Revolutionär auf seine Mörder gewartet. Hier ist der Schreibtisch, wo der Hieb mit dem Eispickel ihn traf. Der Tischkalender steht noch aufgeschlagen auf dem Pult. Seine Brille im Etui, eine Muschel, ein Stein, Diktierrollen. Seine Botschaften in die Welt, hier aus diesem Gefängnisgarten in die Welt. Das Gärtchen von hohen Mauern umstellt, ein kleiner Stall mit Hasen darin, der Wachturm, der Anbau, in dem die Wachen wohnten. Es gab keinen Schutz vor den Mördern. Hier endete eine Flucht.

Dann endlich zu Frida. Die Außenmauern leuchten schon aus der Ferne. Lange Schlangen vor dem Tor. Tage vorher muss man reservieren, um den blauen Planeten zu betreten. Ihr Haus, ihren Garten, ihr Reich. Das Reich der Künstlerin, die ihre Schreie, ihr Schweigen, ihre Worte immer direkt in Kunst verwandelt hat. Fridas Planet. Wie konzentrische Kreise umstehen dieses blaue Haus die Stände und Märkte ihres Volkes, die sie alle heute noch ernährt und jeden Tag, so scheint es, noch besser ernährt. Als würde das ganze Viertel vom Verkauf von Frida-Porträts, Frida-Notizbüchern, Frida-Haarschmuck, Frida-T-Shirts, Frida-Kleidern, Frida-Schnurrbärten leben. Mädchen und junge Frauen stehen in Frida-Kleidern herum, tragen die roten Blätter des Weihnachtssterns im Haar, stehen mit Sonnenblumensträußen in der Schlange zum Museum. Und drinnen dann: Fridas Bett, Fridas Atelier, Fridas Garten, Fridas Teich, ein kleiner, farbenfroher Altar mit Totenköpfen und Frida als Heiligenbild. Sie ist längst eine weltweit verehrte Reliquie geworden. Ihr Leben, ihre Liebe, ihr Schmerz und ihre Kunst, das alles ist in diesem blauen Haus vereint. Das Blau ist wirklich unglaublich. Das muss das »wirkliche Blau« aus Annas Geschichte sein.

»Er hing an seinem Blau, als ob es ein Schicksal wäre.« In der großen Küche hatte Frida Kahlo die Namen Diego und Frida aus winzig kleinen Krügen als Wandschrift zusammengesetzt. An einer der Wände steht der Satz, den sie am Ende ihres Lebens schrieb, als man ihr, nach all den Schmerzen, all dem Leid, schließlich einen Fuß amputiert hatte: »Wer braucht Füße, wenn er Flügel hat?«

Was für ein Unterschied zu Diegos schwarzem Sarkophag im Pedregal. Diego Riveras gigantische Pyramide mit den tausenden uralten Figürchen, dem Riesensaal mit seinen Wandbildern. Ein winziger Greis mit Rennfahrerhandschuhen hatte uns mit seinem Taxi dort hingebracht. Wir hatten eigentlich in das kleine Museum im Zentrum gewollt, wo Riveras berühmtestes Bild *Sonntagsträumerei im Alameda-Park* zu sehen ist, mit dem traurigen Kaiser, Zapata, dem bunt geschmückten Tod, der stolzen Frida mit den Ying-und-Yang-Zeichen in der einen Hand und dem kleinen Diego an der anderen. Aber der Zwerg mit den Handschuhen will sich, trotz meiner Proteste, von seinem Ziel nicht abbringen lassen. Als wir ankommen, ist er sehr zufrieden mit sich.

Nur wenige andere Besucher sind da. »Kathedrale des Satans« hat Anna Seghers dieses schwarze Haus genannt.

Es ist unheimlich und einschüchternd und gigantisch. Die Totenköpfe überall, die winzigen Figuren in ihren Vitrinen, in den kleinen, schießschartenartigen Fensternischen nisten Tauben. Einige winzig kleine sind gerade geschlüpft.

Durch diese schwarzen Gänge hat Diego Rivera Anna damals geführt. Sie hat sich den Tod zeigen lassen, die Kunst, die Geschichte, den Künstler als gottgleichen Führer in die Zukunft, ihn selbst, Diego, als diesen Führer auf den Bildern an der Wand. Zurück in Berlin, hat sie sich immer wieder an diese Kunst erinnert, an dieses Selbstbewusstsein des Künstlers, an diese Kunst als geschichtsverändernde, weltverändernde Macht. An den Tod, der »liebt und tanzt und Politik macht«, an den Tod, der »mehr beschwichtigt als erschreckt«.

Das war 1948, als sie einen Text über Diego Rivera schrieb, über seine Kunst und das Leben und den Tod. Kurz darauf war ihr Freund, ihr Ermutiger, ihr Mit-Zweifler, der Zauberer, Spaßmacher, Kinderfreund, der Abenteurer, der Weltreporter Egon Erwin Kisch gestorben. Da hat sie der Tod doch erneut mehr erschreckt als beschwichtigt. Da schrieb Anna verzweifelt: »Ist es Dir denn wirklich gelungen, uns allein zu lassen? Es ist uns zumute, als hättest Du nur einen von Deinen vielen Tricks angewandt, um Dich irgendwo über eine verbotene Grenze zu schleichen und später eine um so seltsamere, um so wildere Reportage zu verfassen über das, was Du gesehen hast, zum Beispiel jetzt zu berichten

über das unbekannte Land, das einzige, das die Minister aller auswärtigen Angelegenheiten nicht kennen.«
Erst fünfunddreißig Jahre später ist Anna Seghers ihm in dieses unbekannte Land gefolgt. Sie lebte zum Schluss in einem Seniorenheim in Friedrichshagen am Müggelsee. Sie war oft etwas verwirrt, der Verstand hatte sich eingetrübt. Wie damals, nach jener mexikanischen Regennacht. 1981 war ihr noch die Ehrenbürgerwürde ihrer Heimatstadt Mainz verliehen worden. Oberbürgermeister Jockel Fuchs hatte sie in Berlin besucht, auf einem Foto sieht man ihn stehend die feierliche Erklärung ablesend, Anna Seghers sitzt daneben mit großer, etwas verrutschter Brille, ihrem berühmten weißen Dutt und lacht herzlich. Am 1. Juni 1983 ist Anna Seghers im Krankenhaus gestorben. Sie bekam ein Staatsbegräbnis, die Spitzen des Staates, die Repräsentanten der Staatskultur waren dabei, die Honeckers, Willi Stoph, der Trauerzug zog unter den Klängen von Schostakowitschs Marsch *Unsterbliche Opfer* durch die Friedrichstadt zum Dorotheenstädtischen Friedhof, wo schon Brecht begraben liegt und Johannes R. Becher, Heinrich Mann und Hegel und auch ihr Mann Rody. Er war im Juli 1952 zu ihr zurückgekommen, sie lebten miteinander in Berlin, obwohl seine Geliebte auch mit nach Berlin gekommen war. Sie arrangierten sich. Beschwiegen viel.
»Mein Vater vertraute der Wissenschaft, meine Mutter dem Gefühl. Sie hatte eigentlich immer recht«, sagt ein freundlicher alter Herr mit weißem Haarkranz und blau

angelaufenen Händen am Tisch seines Hauses in Orsay bei Paris und lacht. Er spricht ein schönes, langsames, melodisches Deutsch mit leicht französischem Klang. Er ist vor einer Weile in einer Straßenbahn gestürzt, seitdem fällt ihm das Laufen schwer. Aber nicht das Lachen, nicht das Erinnern, nicht das Erzählen. Pierre Radványi, als Peter Radványi am 26. April 1926 in Berlin zur Welt gekommen, lebt seit ein paar Jahren hier draußen, nicht weit von Paris. Mit dem rasenden Motorradtaxi ist man vom Flughafen Orsay in einer Viertelstunde hier. Er hat viele Jahre als Kernphysiker gearbeitet, er hat ein Buch über die Curies geschrieben, von dem er mir die chinesische Ausgabe zeigt. Er hat ein wundervolles Buch über seine Mutter geschrieben. Jetzt erzählt er von ihrer Flucht damals, durch Frankreich, er erinnert so viele Details, die Suppe, die sie aßen, als sie, von ihrer Mutter getrennt, in einem Dorf auf sie warteten. Die Abenteuerfreude des Jungen, der er damals war. Wie ihm damals in Marseille, als sie alle auf ihr Fluchtschiff warteten, seine Mutter Geld gegeben hatte, damit er mit seiner Schwester mit einem Boot zur kleinen Insel mit dem Chateau d'Ilf fahren konnten, wo der Graf von Monte Christo aus dem Roman von Alexandre Dumas einst gefangen gehalten worden war. Von Tim und Struppi, die er damals schon liebte und dessen Motto seine Mutter ihm immer wieder in Erinnerung gerufen hatte: »Wer hat vor nichts Angst, vor wirklich gar nichts? Tim! Und wer folgt ihm überallhin? Struppi!«

Er erzählt von André Breton, der auf dem gleichen Schiff wie sie Marseille verlassen hatte, der aber natürlich »auf dem Deck der echten Passagiere« gereist sei, mit Captain's Dinner und so. »Der hat sich doch nicht für die vergammelten Flüchtlinge interessiert.« Er erinnert sich, wie seine Mutter ihm den Hitler-Stalin-Pakt erklärte. Er erzählt vom Vater, der meist hinter verschlossenen Türen lebte. Er erzählt von seinen Lehrern in Paris, von seiner Angst um seine Mutter nach dem Unfall, von ihrer Organisationskunst, ihrem Bemühen, vor den Kindern stets alles ganz mühelos erscheinen zu lassen. Von Pablo Neruda erzählt er mit strahlenden Augen, »Jaaaaaa, den hab ich getroffen«, sagt er. Dann kommt seine Frau Marie-France dazu, eine leise, zarte, quirlige, superfitte Dame in rosafarbener Strickjacke, die gerade von einem Kurs in deutscher Geschichte zurückkommt, den sie hier in Orsay belegt. Sie ist Französin von Geburt, vielleicht ein, zwei Jahre jünger als Pierre, sie spricht vorsichtig und langsam etwas Deutsch. Sie hat sich das mit einer App auf dem Handy selbst beigebracht. Mit Pierre übt sie immer ein wenig.

Ihre Haushälterin kommt dazu, es gibt einen roten Fruchtlikör, dann ein herrliches französisches Mittagessen, Salate, Brot, einen großen Topf Nudeln mit Rindfleisch, Rotwein dazu und Zitronenlimonade. Danach eine große Käseplatte, Obst, die beiden erzählen und erzählen. Pierre steht immer wieder langsam auf und holt ein Buch seiner Mutter, einige sind gerade neu übersetzt worden, *Le Monde* hat groß davon berichtet. Ein stolzer, alter Mann, ein stolzes Paar. Er erzählt von dem Gespräch mit Janka, er nennt es ein »traumatisches Erlebnis«, und wie ihm seine Mutter danach riet, die Klappe zu halten, aus Angst vor möglichen Konsequenzen in der Zukunft. »Da wollte ich nur noch weg.«

Schließlich holt er noch ein Buch aus dem Regal. Ein altes kleines Büchlein aus der Insel-Bücherei. *Das kleine Buch der Tropenwunder*, das hat ihm seine Großmutter, Annas Mutter, nach Paris geschickt, weil sie Angst hatte, er könne sein Deutsch vergessen. Und auch an den Abschied am Bahnhof von Straßburg erinnert er sich noch, wie die Großmutter ihn und seine Schwester an seine Mutter übergab und sie sie zum letzten Mal sahen.

Sein Buch über seine Mutter trägt den Titel *Jenseits des Stroms*. Am Ende des Besuchs schreibt er mit zitternder Schrift und kleinen Buchstaben noch eine Widmung in mein Exemplar: »An Volker Weidermann, der es versucht beide Seiten des Stromes zu erfassen. Très amicalement Pierre Radványi.«

Dann begleitet er mich, auf zwei Stöcke gestützt, sehr langsam zur Tür. Wir verabschieden uns. Ich gehe die lange Einfahrt hinab zur Straße. Es ist ein regnerischer Tag. Im Tal von Orsay ist es leise. Eine Welt für sich.

Am Ende seines Buches hatte er geschrieben: »Ich sage mir oft, dass ich Glück hatte, eine solche Mutter zu haben. Sie konnte zuhören und verstehen. Sie hatte ein Gefühl für Menschen und Situationen. Sie ›sah‹ sie und schätzte die tief in jedem Wesen verborgenen Kräfte und Werte. Sie war aufgeschlossen für die Empfindungen, die eine menschliche Seele ergreifen. Und sie konnte so wunderbar erzählen.«

Literaturverzeichnis

Primärliteratur

Becher, Johannes R.: *Vom Verfall zum Triumph. Aus dem lyrischen Werk 1912–1958*. Herausgegeben von der Deutschen Akademie der Künste, Berlin 1961.

Frei, Bruno: *Der Papiersäbel. Autobiographie*. Frankfurt am Main 1972.

Hauschild, Jan Christoph: *Das Phantom. Die fünf Leben des B. Traven*. Berlin 2018.

Janka, Walter: *Spuren eines Lebens*. Hamburg 1992.

Kahlo, Frida: *Gemaltes Tagebuch*. München 1995.
Kahlo, Frida: *Jetzt, wo Du mich verläßt, liebe ich Dich mehr denn je. Briefe und andere Schriften*. Herausgegeben von Raquel Tibol, München 2004.
Kisch, Egon Erwin: *Marktplatz der Sensationen. Entdeckungen in Mexiko*. Berlin/Weimar 1979.
Kisch, Egon Erwin: *Mein Leben für die Zeitung 1926–1947. Journalistische Texte 2*. Berlin/Weimar 1983.

Koestler, Arthur: *Autobiographische Schriften. Frühe Empörung, Erster Band.* Frankfurt am Main/Berlin 1993.
Koestler, Arthur: *Autobiographische Schriften. Abschaum der Erde, Zweiter Band.* Frankfurt am Main/Berlin 1993.

Landshoff, Fritz H.: *Amsterdam, Keizersgracht 333. Querido Verlag. Erinnerungen eines Verlegers.* Berlin/Weimar 1991.
Lowry, Malcolm: *Unter dem Vulkan.* Reinbek bei Hamburg 1963.

Neruda, Pablo: *Der unsichtbare Fluß. Ein Lesebuch.* Herausgegeben von Victor Farías, Hamburg 1994.
Neruda, Pablo: *Ich bekenne, ich habe gelebt. Memoiren.* Berlin 1975.

Paris 1935. Erster Internationaler Schriftstellerkongreß zur Verteidigung der Kultur. Reden und Dokumente. Mit Materialien der Londoner Schriftstellerkonferenz 1936. Herausgegeben von der Akademie der Wissenschaften der DDR, Berlin 1982.

Regler, Gustav: *Das Ohr des Malchus. Eine Lebensgeschichte.* Köln/Berlin 1958.
Regler, Gustav: *Sohn aus Niemandsland. Tagebücher 1940–1943.* Herausgegeben von Günter Scholdt und Hermann Gätje, Basel/Frankfurt am Main 1994.

Regler, Gustav: *Werke.* Herausgegeben von Gerhard Schmidt-Henkel und Ralph Schock unter Mitarbeit von Günter Scholdt, Basel/Frankfurt am Main 1994.

Reinerová, Lenka: *Das Geheimnis der nächsten Minuten.* Berlin 2009.

Reinerová, Lenka: *Zu Hause in Prag – manchmal auch anderswo. Erzählungen.* Berlin 2000.

Renn, Ludwig: *In Mexiko.* Berlin/Weimar 1979.

Rühle, Otto: *Baupläne für eine neue Gesellschaft.* Herausgegeben von Henry Jacoby, Hamburg 1971.

Rühle-Gerstel, Alice: *Der Umbruch oder Hanna und die Freiheit. Ein Prag-Roman.* Herausgegeben von Marta Marková, Grambin/Berlin 2007.

Rühle-Gerstel, Alice: *Kein Gedicht für Trotzki. Tagebuchaufzeichnungen aus Mexico von Alice Rühle-Gerstel.* Frankfurt 1979.

Seghers, Anna: *Aufsätze, Ansprachen, Essays 1927–1953.* Berlin/Weimar 1984.

Seghers, Anna: *Aufsätze, Ansprachen, Essays 1954–1979.* Berlin/Weimar 1984.

Seghers, Anna: *Aufstand der Fischer von St. Barbara. Die Gefährten.* Berlin/Weimar 1975.

Seghers, Anna: *Das siebte Kreuz.* Berlin/Leipzig 1950.

Seghers, Anna: *Der Ausflug der toten Mädchen. Erzählungen.* Berlin 2001.

Seghers, Anna: *Die Toten bleiben jung.* Berlin/Weimar 1973.

Seghers, Anna: *Erzählungen 1926–1944.* Berlin/Weimar 1977.

Seghers, Anna: *Erzählungen 1945–1951.* Berlin/Weimar 1981.

Seghers, Anna: *Erzählungen 1952–1962.* Berlin/Weimar 1981.

Seghers, Anna: *Erzählungen 1963–1977.* Berlin/Weimar 1981.

Seghers, Anna: *Glauben an Irdisches. Essays aus vier Jahrzehnten.* Leipzig 1974.

Seghers, Anna: *Hier im Volk der kalten Herzen. Briefwechsel 1947.* Herausgegeben von Christel Berger, Berlin 2000.

Seghers, Anna: *Ich erwarte Eure Briefe wie den Besuch der besten Freunde. Briefe 1924–1952.* Herausgegeben von Christiane Zehl Romero und Almut Giesecke, Berlin 2008.

Seghers, Anna: *Transit.* Berlin 2019.

Seghers, Anna: *Und ich brauch doch so schrecklich Freude. Tagebuch 1924/1925. Die Legende von der Reue des Bischofs Jehan d'Aigremont von St. Anne in Rouen.* Herausgegeben von Christiane Zehl Romero, Berlin 2003.

Seghers, Anna/Herzfelde, Wieland: *Ein Briefwechsel, 1939–1946.* Herausgegeben im Auftrag der Akademie der Künste der DDR von Ursula Emmerich und Erika Pick, Berlin/Weimar 1985.

Seghers, Anna/Roscher, Achim: *Mit einer Flügeltür ins Freie fliegen. Gespräche.* Berlin 2019.

Seghers, Anna/Sharp, William: *Das siebte Kreuz. Mit den Originalillustrationen von 1942.* Berlin 2015.

Spira-Ruschin, Steffi: *Trab der Schaukelpferde. Aufzeichnungen im Nachhinein.* Berlin 1984.

Stern, Kurt: *Was wird mit uns geschehen? Tagebücher der Internierung 1939 und 1940.* Berlin 2006.

Trotzki, Leo: *Tagebuch im Exil.* Köln/Berlin 1958.

Uhse, Bodo: *Mexikanische Erzählungen.* Berlin 1957.
Uhse, Bodo: *Sonntagsträumerei in der Alameda.* Berlin 1963.

Sekundärliteratur

Abosch, Heinz: *Trotzki-Chronik. Daten zu Leben und Werk.* München 1973.

Batt, Kurt: *Anna Seghers. Versuch über Entwicklung und Werke.* Leipzig 1973.

Glosiková, Viera/Meißgeier, Sina/Nagelschmidt, Ilse (Hg.): *»Mir hat immer die menschliche Solidarität geholfen.« Die jüdischen Autorinnen Lenka Reinerová und Anna Seghers.* Berlin 2016.

Haupt, Klaus/Wessel, Harald: *Kisch war hier. Reportagen über den »rasenden Reporter«.* Berlin 1985.

Herrera, Hayden: *Frida Kahlo. Ein leidenschaftliches Leben.* Frankfurt am Main 2018.

Hofmann, Fritz: *Der rasende Reporter Egon Erwin Kisch. Biographie von Fritz Hofmann.* Berlin 1988.

Kettenmann, Andrea: *Diego Rivera 1886–1957. Ein revolutionärer Geist in der Kunst der Moderne.* Köln 2018.

Kießling, Wolfgang: *Exil in Lateinamerika.* Leipzig 1984.

Le Clézio, J. M. G.: *Diego und Frida.* München/Wien 1995.

Letzte Zuflucht Mexiko. Gilberto Bosques und das deutschsprachige Exil nach 1993. Ausstellungskatalog des Museums Faschismus und Widerstand in Berlin e. V. und der Akademie der Künste. Berlin 2012/2013.

Marnham, Patrick: *Diego Rivera. Träumer mit offenen Augen.* Bergisch Gladbach 2001.

Neugebauer, Heinz: *Anna Seghers. Leben und Werk.* Berlin 1976.

Patka, Marcus G. (Hg.): *Der rasende Reporter Egon Erwin Kisch. Eine Biographie in Bildern.* Berlin 1998.

Patka, Marcus G.: *Zu nahe der Sonne. Deutsche Schriftsteller im Exil in Mexico.* Berlin 1999.

Pufendorf, Astrid von: *Otto Klepper (1888–1957). Deutscher Patriot und Weltbürger.* München 1997.

Radványi, Pierre: *Jenseits des Stroms. Erinnerungen an meine Mutter Anna Seghers.* Berlin 2006.

Reich-Ranicki, Marcel: *Deutsche Literatur in West und Ost. Prosa seit 1945.* München 1963.

Reinerová, Lenka: *Es begann in der Melantrichgasse. Erinnerungen an Weiskopf, Kisch, Uhse und die Seghers.* Berlin/Weimar 1985.

Scholdt, Günter: *Gustav Regler: Odysseus im Labyrinth der Ideologien. Eine Biographie in Dokumenten.* St. Ingbert 1998.

Serge, Victor: *Leo Trotzki. Leben und Tod.* München 1981.

Stephan, Alexander: *Im Visier des FBI. Deutsche Exilschriftsteller in den Akten amerikanischer Geheimdienste.* Stuttgart/Weimar 1995.

Sternburg, Wilhelm von: *Anna Seghers. Ein biographischer Essay.* Ingelheim 2010.

Wagner, Frank/Emmerich, Ursula/Radványi, Ruth (Hg.): *Anna Seghers. Eine Biographie in Bildern.* Berlin/Weimar 2000.

Zehl Romero, Christiane: *Anna Seghers. Eine Biographie, 1900–1947*. Berlin 2000.

Zehl Romero, Christiane: *Anna Seghers. Eine Biographie, 1947–1983*. Berlin 2003.

Bildnachweis

Alle Bilder mit freundlicher Genehmigung von © Anne Radványi